体能测试与体能训练方略

张帅奇 著

汕头大学出版社

图书在版编目（CIP）数据

体能测试与体能训练方略 / 张帅奇著 . -- 汕头：汕头大学出版社，2023.6
　　ISBN 978-7-5658-5071-4

　　Ⅰ . ①体… Ⅱ . ①张… Ⅲ . ①体能－测试－研究②体能－身体训练－研究 Ⅳ . ① G808.1

中国国家版本馆 CIP 数据核字（2023）第 125693 号

体能测试与体能训练方略
TINENG CESHI YU TINENG XUNLIAN FANGLÜE

作　　者：张帅奇
责任编辑：郭　炜
责任技编：黄东生
封面设计：皓　月
出版发行：汕头大学出版社
广东省汕头市大学路 243 号汕头大学校园内　邮政编码：515063
电　　话：0754-82904613
印　　刷：廊坊市海涛印刷有限公司
开　　本：710mm×1000mm　1/16
印　　张：10.25
字　　数：146 千字
版　　次：2023 年 6 月第 1 版
印　　次：2024 年 1 月第 1 次印刷
定　　价：46.00 元

ISBN 978-7-5658-5071-4

版权所有，翻版必究
如发现印装质量问题，请与承印厂联系退换

前 言

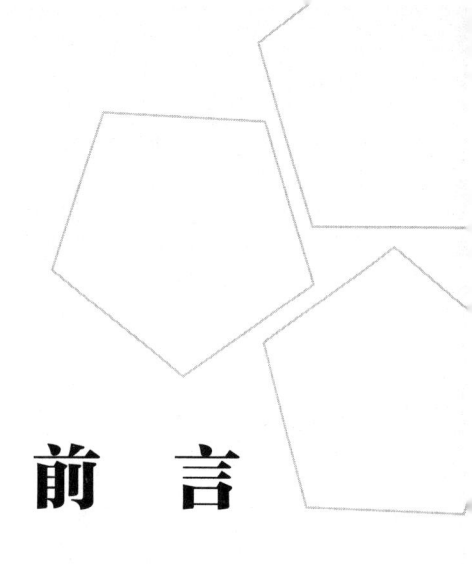

随着运动训练科学化进程的逐步深入,体能测试与训练作为运动的重要组成部分,受到了越来越多的重视。体能是一切人类生命活动和目标行为的动力基础,更是人们休闲健身、运动训练和获取运动技能的首要载体。体能训练是提高运动成绩和增强运动能力的重要方式,也是提高力量、速度、耐力、灵敏性和柔韧性等身体素质的过程。科学的体能测试与训练,对于增强现代人的身心健康和运动能力,具有其他方式无法替代的作用。寻求体能训练的最佳理论模式与途径,使体能训练系统化、最优化和科学化,是现代运动训练的重要目标。良好的体能是运动员在训练和比赛中保持稳定和良好心理状态的身体保证,是促进健康、减少运动损伤的基本保障。在现代运动训练中,体能测试与训练在提高身体素质的基础上,结合专项需求,并通过合理负荷的动作练习,改善运动员的身体形态,提高运动员身体各器官系统的机能。体能训练也是技术训练和战术训练的基础,并对掌握专项技术、战术,承担大负荷的训练与激烈的比赛,促进运动员身体健康等具有重要的意义。

本书以体能测试与训练方法研究的理论基础与方法分析为切入点,重点探讨体能测试及其评价研究、体能训练的相关理论阐释、体能训练原理与计划制订、体能训练的内容及其训练方法。

笔者在撰写本书的过程中,得到了许多专家学者的帮助和指导,在此表示诚挚的谢意。由于笔者水平有限,加之时间仓促,书中所涉及的内容难免有疏漏之处,希望各位读者多提宝贵意见,以便笔者进一步修改,使之更加完善。

作 者

2022年10月

目 录

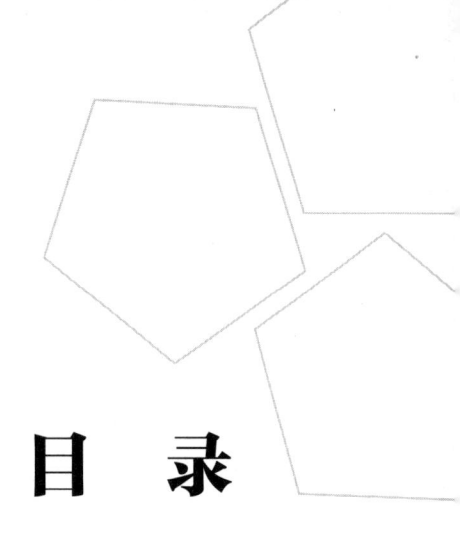

第一章 体能测试及其评价研究 ·· 001
    第一节 体能测试与评价的认知 ·· 001
    第二节 基础体能的测试评价 ·· 003
    第三节 核心力量与功能性训练的测试评价 ······························ 012
    第四节 运动体能的测试 ·· 019

第二章 体能训练的相关理论阐释 ·· 030
    第一节 体能训练及其主要内容 ·· 030
    第二节 体能训练的重要意义 ·· 034
    第三节 现代体育理念及其思考 ·· 036

第三章 体能训练原理与计划制订 ·· 041
    第一节 体能训练的基本原则 ·· 041
    第二节 体能训练方法解析 ··· 059
    第三节 体能训练计划及其制订与实施管理 ······························ 073

第四章 体能训练的内容及其训练方法 ······································· 085
    第一节 身体形态与身体机能训练 ··· 085
    第二节 力量素质与速度素质训练 ··· 090
    第三节 耐力素质与柔韧素质训练 ··· 113
    第四节 不同竞技项目的体能训练 ··· 126

参考文献 ·· 156

第一章 体能测试及其评价研究

体能训练是一门学科。科学的训练要根据运动员的个人实际，包括体能测试、评价在内的现实状态进行诊断，因此，科学的测试、诊断、评价是运动训练科学化的基本内容之一，是制订针对性训练计划的前提。本章重点探讨体能测试与评价的认知、基础体能的测试评价、核心力量与功能性训练的测试评价、运动体能的测试。

第一节 体能测试与评价的认知

在竞技体育近百年的发展过程中，对运动员生理机能指标、运动能力的测试一直是体育研究的重要的内容之一。欧洲国家19世纪末开始应用生理学和生物化学的测试方法对运动员机体状况进行检测和评价。20世纪50年代以来，人们对运动时供能的有氧代谢和无氧代谢过程中的磷酸原系统、糖酵解系统和糖、脂肪、蛋白质的有氧代谢有了清楚的认识，并相继开展了不同负荷刺激下身体机能、生理生化指标的变化规律的探讨。科研人员用心率、血压、肺活量测试了解运动员的基本健康水平、恢复程度，并发明了库尔克试验、台阶试验等方法，评价有氧能力、爆发力和机体对不同负荷的反应。

为提高运动训练的科学水平，我国在20世纪50、60年代开始对运动进行基本的生理生化监控，通过联合机能实验、哈佛台阶试验，采集血乳酸、血红蛋白、尿蛋白等生理生化指标，分析训练效果，进行机能评价，为运动员的大运动量训练提供科学参考。

随着竞技能力理论的出现，人们开始重视对运动员体能、技能、战术能力、心理、智能的综合评价。力量、速度、耐力、灵敏、柔韧等身体素质成为运动员主要的身体训练内容，因此对力量、速度、耐力的测试与评价成为热点。最大力量测试、爆发力测试、等速测试等与运动能力高度相关的指标体系，受到教练员、运动员、科研人员的高度重视。当前，竞技体育发展迅速，比赛对抗激烈，对体能要求在提高，一些有世界影响力的赛事协会开始重视本体系职业运动员的体能测试，同时对学生的体能训练也更加重视，2004年北京体育大学成立国内首个体能训练方向班，经过十余年的努力，为国家培养了大批体能和健身领域专门人才，并积累了丰富的专业办学经验。2017年，该校在全国率先向教育部成功申报并设立体能训练本科专业，并于2018年正式招生，成为国内首个招收体能训练专业本科学生的高校。

人们对健康的关注也促进了各国对国民的基本运动能力、健康水平的测试与评价的重视。各国相继推出国民体质或青少年身体素质测试标准。例如一些国家体质测试内容主要包括心肺功能耐力（有氧代谢能力），身体成分，肌肉力量、耐力和柔韧性，腹部肌肉力量与耐力，上肢肌肉力量与耐力，躯干力量及柔韧性、灵敏性。中国体质健康测试组件主要体现在心肺功能、速度与灵敏、肌肉力量与耐力、柔韧性。

随着核心力量训练、功能性训练在体能训练领域的出现，科研人员、体能教练开始用功能性动作测试、星型平衡测试、Y型平衡测试对运动员的动作效率、平衡能力、潜在伤病因素及康复水平进行评价。在此基础上强化体能训练的科学性，设专门的训练计划，提升运动员的运动表现，成为新的发展趋势。但这些新的测试方法并不能完全直接反映运动员的运动水平。

当前，竞技体育领域已经形成了身体机能测试、体质或基本运动能力测试、身体功能性测试、专项体能测试的完整测试、评估体系，以期为制订更合理的训练计划，提升训练效率，促进运动员运动表现，提供科学的依据。目前，结合专项特点对运动员进行功能性动作效率测试与训练，被认为是判断运动员伤病及提高运动表现的重要方法。但任何测试都有局限性，人体的运动表现是复杂的，能够准确反映成绩水平的只能通过比赛本身，因此，要综合地运用多种方法进行测试、评价，减少盲目性。

第二节 基础体能的测试评价

体能可分为基础体能和运动体能。基础体能是指人体各器官系统的机能能力；运动体能是指从事运动所需的速度、力量、灵敏性、协调性、平衡和反应等。运动体能与基础体能成分有重叠之处，例如：心肺耐力、肌肉力量、肌肉耐力、柔韧性和身体成分等，体能成分无论是对健康还是对技能性要求较高的运动都是重要的。对体能的测试与评价包括对基础体能和运动体能的测试与评价。

基础体能是指人体各器官系统的机能能力，包括机体新陈代谢的功能以及各器官系统的工作效能，类似于身体机能的概念。通过对基础体能的测试，可以了解身体机能的状况和体质水平，并可以反映身体锻炼或运动训练的效果。基础体能的测试包括心血管系统机能、呼吸系统机能、代谢机能等方面，在做体能评价时要根据所测指标予以综合评价。

随着科学技术的进步，虽然新的仪器设备不断投入测试体系中，如各种跑台测试、监测训练负荷的遥测技术等，但传统的测试方法仍然有效，具体如下：

一、心血管系统机能测试评价

心血管系统是由心脏和血管组成的闭合管道，其功能反映一个人的发育水平、体质状况与运动训练的水平。对心血管系统机能进行测试在一定程度上可以反映体能的状况，常用心率和血压来进行评价。

（一）心率测试评价

心率是每min心脏搏动的次数，以次/分表示。正常人动脉脉搏频率和心跳频率一致，因此，可用测量脉搏频率来表示心率。作为循环系统机能状况的一个指标，心率可反映心脏机能的工作状况。常用的心率指标主要有基础心率、安静心率、运动中心率和运动后心率。

1. 心率测试

心率测定的方法有心音听诊法、指触法和心率遥测法。指触法通常可以测定的部位有颈动脉、桡动脉和肱动脉。每次测10s，乘以6即是1min的心率数。类别包括：基础心率、安静心率、运动中心率和运动后心率。

2. 心率评价

心率的评价方法主要有：立位、卧位姿势脉搏差，30s深蹲定量负荷测试，库尔克试验，台阶试验等方法，举例如下：

（1）30s深蹲定量负荷测试。首先让受试者静坐5min，测15s脉搏，乘4得1min脉搏数（P_1）；其次做30s的30次蹲起；最后一次站起后测15s即刻脉搏，乘4得1min脉搏数（P_2）；休息1min后再测15s脉搏数，乘4得1min脉搏数（P_3）。

评价指数=（$P_1+P_2+P_3-200$）/10　　　　　　　　　　（公式1-1）

正常情况下心率可在运动后3min内完全恢复，如果身体疲劳，恢复时间将明显延长。根据上述公式，计算出心脏功能指数，指数的大小可以反映心脏功能的好与差，也反映了训练水平的高低。经常从事体育运动，心脏机能逐渐提高，安静时脉搏降低。固定负荷运动时，身体出现机能节省化，运动后的心率不会显著变化，运动停止后恢复较快，因此计算出的指数较小。根据指数，评价标准依次是：最好（小于或等于0）、很好（0~5）、中等（6~10）、不好（11~15）、16以上为很不好。

（2）台阶试验。12岁以上（不含12岁）台阶高度，男40cm，女35cm；12岁以下（含12岁）台阶高度30cm。用2s上下1次台阶的速度，连续不停地做3min上下台阶运动。做完后取坐姿，测量恢复期第2、3、4min前30s的心率。计算公式为：

台阶指数=上、下台阶的连续时间（s）×100/2×（3次测量脉搏数的总和） （公式1-2）

青年大学生台阶指数的评价标准见表1-1[①]。

表1-1 大学生台阶指数的评价标准

性别	优秀	良好	及格	不及格
男	54以上	46～53	40～45	39以下
女	52以上	44～51	25～43	24以下

台阶试验指数可以在很大程度上代表心脏血管系统的机能水平，指数越大说明心血管机能状态越高，指数越小说明心血管机能水平越低。长期的有氧运动可以改善心血管系统的机能，因此在台阶试验中定量负荷运动时，心率次数降低，停止运动后心率恢复到安静水平的时间减少，表现为台阶试验指数增加。

（二）血压测试评价

血压指血液流动时对血管壁所造成的侧压力，一般指体循环中的动脉血压。在一个心动周期中，心室收缩时动脉血压上升达到的最高值称为收缩压，心室舒张时动脉血压下降达到的最低值称为舒张压，收缩压与舒张压的差值称为脉压。

人体动脉血压测量一般采用听诊法，测量部位为上臂肱动脉。用血压计的压脉带充气，通过在动脉外加压，根据血管音的变化来测量血压。正常人安静时动脉血压较为稳定，变化范围较小，收缩压为90～120mm hg，舒张压为60～90mm hg，脉压为30～50mm hg。通常，运动员的收缩压在正常值水平，舒张压在正常值的下限范围，血压为95～115/55～75mm hg。通常血压的评价指标有晨起血压和运动时血压的变化，类别有：晨起血压、运动时血压变化。关于血压测试评价，具体如下：

---

① 赵琦.体能训练理论与方法［M］.南京：东南大学出版社，2017.

1. 布兰奇心功指数

布兰奇心功指数是通过测量心率和血压，按照以下公式计算而来：

布兰奇心功指数=心率（次/分）×［收缩压（hg）+舒张压（hg）］/100

（公式1-3）

采用布兰奇心功指数评价的特点是评价心率的同时，考虑了血压因素，因而能全面地反映心脏和血管的功能。布兰奇心功指数在110～160范围内为心血管功能正常，平均值是140；大于200为紧张性增高反应；小于90为紧张性低下反应。

2. 耐力系数与体位平均血压指数

（1）耐力系数。耐力系数=心率×10/脉压。耐力系数的正常值为16，心脏功能越好，指数越小。

（2）体位平均血压指数：卧位血压差=（收缩压-舒张压）/3+舒张压；立位血压差=（收缩压-舒张压）/3+舒张压；体位平均血压指数=（立位血压差-卧位血压差）×100/立位血压差。

二、呼吸系统机能测试评价

呼吸系统的主要功能是与外界进行气体交换，对呼吸系统机能进行评价主要从肺通气功能的量和对呼吸运动控制能力的质两个方面来进行。肺通气功能的主要指标是肺活量，呼吸运动控制能力可以通过闭气试验得到反映。

（一）肺活量与肺活量指数

肺活量是一次呼吸时的最大通气量，在一定程度上反映肺的通气功能水平。肺活量的大小取决于呼吸肌的力量、肺和胸廓的弹性等。肺活量与体重的比值为肺活量指数，是反映肺通气能力的常用指标，其值越大，说明呼吸系统的机能越好，是基础体能测试中常用的一项指标。

正常成年人肺活量的平均值，男性为3500～4000mL，女性为2500～3500mL。中国青少年肺活量指数正常值范围为：男生63.2～68.9；女生

55.5~59.5，具体见表1-2[①]。

表1-2 青少年肺活量指数评价标准

性别	优秀	良好	及格	不及格
男	70以上	57~69	44~56	43以下
女	57以上	46~56	32~45	31以下

肺活量和体重指标都可以通过体育锻炼得到改善，最终表现为肺活量指数的升高。此外，体重增加而肺活量未得到提高，肺活量指数会下降，说明呼吸系统的机能也降低了。

（二）时间肺活量与最大通气量

（1）时间肺活量。以最大吸气后在一定时间内尽快能呼出的气量为时间肺活量，是动态反映呼吸机能的一项有效指标，用专门的实验仪器进行测试。健康成年人第一秒平均值一般为83%，第二秒一般为96%，第三秒一般为99%。

（2）最大通气量。最大通气量是指人体以适宜的呼吸频率和呼吸深度进行呼吸时所能达到的最大限度的每分钟通气量，它反映受试者的通气贮备能力，与机体的健康水平和训练程度密切相关。最大通气量越大，说明呼吸系统潜在功能越强。正常成年人的平均值，男性为100L，女性为80L。

（三）肺活量实验

（1）5次肺活量试验。5次肺活量试验主要测定呼吸肌的耐力，方法是受试者取站立位，每15s测量1次肺活量，共测5次。15s时间既包括吹气时间，也包括休息时间，因此在75s之内测量5次肺活量。5次测量结果基本接近或逐渐增加为机能良好，反之则逐渐下降，尤其是最后2次显著下降为机能不良。

（2）定量负荷后5次肺活量试验。先测量安静时肺活量，然后做定量

[①] 赵琦.体能训练理论与方法［M］.南京：东南大学出版社，2017.

运动，如可进行30s的20次蹲起实验。运动后立即测量1~5min的每min肺活量，共测5次。负荷后的每min肺活量逐次增加，或保持安静时的水平，为机能良好或正常；如果负荷后的肺活量逐次下降，经5min仍不能恢复至安静时的水平为机能不佳。

三、代谢机能测试评价

体能与机体的代谢能力有关，代谢能力的大小归根结底取决于能量的供给与利用能力，其中ATP的合成与利用是关键。根据运动时骨骼肌ATP合成和利用的途径，可将机体的代谢系统分为无氧代谢系统和有氧代谢系统。无氧代谢能力主要指磷酸原供能系统和糖酵解供能系统的供能能力；有氧代谢能力和机体转运氧和利用氧的能力有关，因此，对体能的测试离不开对机体代谢能力的测试。

（一）无氧代谢能力的测试评价

无氧代谢能力指机体在磷酸原和糖酵解供能条件下的做功能力。通常可以在实验室通过各种测功器械，对运动员整体做功能力进行综合评价。根据磷酸原和糖酵解供能系统供能的特点，测试时要求在不同的时间里达到相应的最大运动强度。通常利用最大输出功率、平均输出功率、疲劳指数等指标来评价无氧代谢能力的大小。

1. 磷酸原系统供能能力测试评价

磷酸原系统供能能力的测试方法主要有磷酸原能商法（Alactic Quotient，AQ）、30m跑测试、纵跳法、玛格里亚卡耳曼测试（Kalamen-Margaria）等。下面以纵跳法、玛格里亚卡耳曼测试（Kalamen-Margaria）为例进行阐述。

（1）纵跳法。无氧供能能力功能与纵跳摸高的高度和体重有关，根据纵跳摸高的高度和体重可间接推算无氧供能能力。首先测量受试者的体重，标记站立摸高的高度，然后用力原地向上跳起，达腾空最高点时做一标记，测量站立摸高与纵跳摸高的垂直距离即为纵跳高度。

（2）玛格里亚卡耳曼测试（Kalamen-Margaria）。受试者先称体重，然后站在离台阶6m处。令受试者以3级1步的最快速度跑上台阶，一直跑至12级，记录通过由第3级到第9级的时间（电动计时的开关在第3级和第9级，当受试者脚踏上第3级时，开动计时器，而跑到第9级时计时器停止，通常大约0.5s）。测试3次，取1次最短时间。根据以下公式计算功率：

功率=体重（kg）×第3级到第9级的垂直距离（m）/第3级到第9级的时间（s）　　　　　　　　　　　　　　　　　　　　　　　（公式1-4）

2. 糖酵解系统供能能力测试评价

（1）30s Wingate运动测试与应用。测试时采用功率自行车，要求受试者尽可能快蹬，在3～4s内调整到规定阻力负荷，同时开始计时，进行30s全力蹬车运动。阻力系数以Monark型为75g/kg体重作为参考值，同时可根据训练水平进行调整。评价指标有30s平均功率、输出总功率、最高功率（5s内最大输出功率）、疲劳指数，其中疲劳指数=（最高功率—最低功率）/最高功率。评价结果中输出功率和输出总功率值大、疲劳指数小，表示供能能力越强。

（2）60s最大负荷测试与评价。60s最大负荷测试是用来评价人体最大糖酵解供能能力的一种方法。操作过程如下：首先测定受试者运动前安静时正常的血乳酸值；其次让受试者在田径场全力跑400m或者在跑台上全力跑1min，再测试运动后血乳酸的最高值，分别记录数据。

60s最大负荷评价为：①运动后血乳酸浓度在14～18mmol/L，可以初步判定糖酵解供能能力好；②运动后血乳酸浓度在9～10mmol/L以下，则说明糖酵解供能能力差；③可以用来评价一个训练阶段的效果，如果经过一个训练阶段运动成绩提高，而且血乳酸值也同时升高，则表明糖酵解供能能力提高，训练效果良好；④一个训练阶段后成绩提高，但血乳酸值不变，说明运动员有潜力；⑤训练后血乳酸不变或升高，而成绩下降，则表明这一阶段训练效果不理想，运动员机能水平下降。

（二）有氧代谢能力测试评价

有氧代谢供能是机体长时间运动时主要的供能方式，主要与低强度、中等强度或亚极量强度运动，且超过2~3min的运动项目有关。有氧代谢供能能力的大小可以通过测试乳酸阈等指标来反映，主要方法如下：

1. 乳酸阈测试评价

乳酸阈是指在递增负荷运动时由有氧代谢供能到大量动用无氧代谢供能的临界运动强度，反映了长时间运动中血乳酸保持稳态水平时的最大有氧代谢能力，此时血乳酸释放入血的速度等于血乳酸最大消除速率。通常用血乳酸浓度达4mmol/L时所对应的摄氧量、功率或运动速度来表示。

乳酸阈的测定方法很多，一般都是以乳酸-功率曲线为原理，采用逐级递增负荷方法测定。起始负荷和递增负荷的大小取决于运动员的性别、年龄和训练程度。例如，跑台的起始负荷，一般无训练者为2.5m/s，中等训练水平的男子或具有高度耐力训练的女子为3.0m/s，高水平耐力训练的男子为3.5m/s。在安静状态以及每次负荷后即刻准确取血测定血乳酸浓度。以功率为横坐标，血乳酸浓度为纵坐标，将各负荷后的血乳酸值在相应点上标记，并连成一条曲线。取对应于4mmol/L血乳酸浓度的功率值为乳酸阈功率。乳酸阈处对应的跑速越快（或功率越大），则有氧能力越强。当运动员有氧运动能力提高后曲线会右移。

除了在坐标纸上画出乳酸-功率曲线的方法外，还可以采用内插法求出乳酸阈值。取血乳酸接近4mmol/L前后的两级功率或跑速V_1、V_2，所对应的血乳酸值分别为LA_1和LA_2，

计算乳酸阈值的公式如下：

乳酸阈=（V_1-V_2）（4-LA_1）V_1/（LA_2-LA_1） （公式1-5）

乳酸阈处对应的跑速越快（或功率越大），则有氧能力越强。

由于在完成运动负荷时，每个人都具有不同的血乳酸动力学变化特点，因此，个体乳酸阈的测定可以更客观地评价不同运动员个体有氧代谢能力的差异与优劣。如图1-1[①]所示，个体乳酸阈的测定采用蹬功率自行车逐级递增负荷的形式，起始负荷为50万，每3min递增50万，一般递增不超过6级。分

---

① 赵琦.体能训练理论与方法［M］.南京：东南大学出版社，2017.

别采取安静时、各级负荷后即刻及恢复期第2、5、8、10、15min的血样测定血乳酸，在坐标纸上画出乳酸动力学变化曲线，最后一级负荷后即刻的血乳酸值定为A点，由A点作水平线与恢复期曲线相交于B点，再由B点向负荷曲线作一条切线，切于C点。C点所对应的纵坐标为个体乳酸阈乳酸浓度，对应的横坐标为个体乳酸阈强度。采用个体乳酸阈值的测定方法，可以根据运动员个体选择最佳训练强度和训练计划，也有助于专项选材。

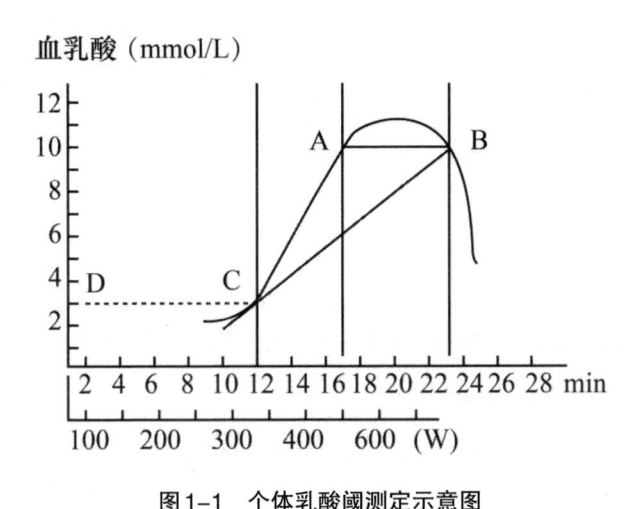

图1-1　个体乳酸阈测定示意图

乳酸阈较VO_{2max}更客观、更好地反映运动员的有氧代谢能力。一般VO_{2max}高的运动员乳酸阈值也高，在较长时间的耐力运动中，乳酸阈强度比更能预测运动成绩，因为比赛时跑速非常接近乳酸阈强度。而较短时间的有氧运动强度，实际上超过VO_{2max}强度，此时用VO_{2max}表示已没有意义。可以确定，经系统训练后，运动后乳酸升高的幅度下降，而VO_{2max}变化则较小。所以使用乳酸阈比VO_{2max}更具实用性和科学性。

2．12min跑推算测试评价

12min跑测试是让受试者全力跑12min，测量跑的距离，根据12min跑的成绩推算VO_{2max}。一般从事耐力项目运动员的VO_{2max}比其他项目运动员要高。测试前受试者要充分做好准备活动，在跑的过程中尽量快跑，但在开始和结束时，应避免全速跑和冲刺跑。

可通过下面的公式评价受试者的VO_{2max}：

VO_{2max}（ml/kg·min）=35.97S-11.92　　　　　　（公式1-6）

上式中，S为所跑的距离，单位为英里。在测定VO_{2max}时，要求充分动员全身各器官系统尤其是心肺功能，让尽可能多的肌群参与运动，功率输出达到最大。当有氧代谢系统达到最大供能状态时，已经有相当多的糖酵解参与供能，血乳酸可达9mmol/L以上，平均血乳酸浓度范围是9~12mmol/L，未见明显的专项特点。因此，血乳酸可以作为VO_{2max}测定的辅助指标。先测安静时血乳酸值，然后让受试者在做准备活动后进行12min跑，记录12min的最大跑距和跑后3、5、10、15min的血乳酸值，用跑距和血乳酸值来综合评价。评价时，跑的距离长、跑后血乳酸消除速度快，是有氧代谢能力强、机能状态好的表现；跑的距离短、跑后血乳酸消除速度慢，是有氧代谢能力差、训练水平低的表现。

耐力运动员随着运动成绩和有氧代谢能力的不断改善，VO_{2max}值增大，其对应的血乳酸值出现下降。

人体进行有氧耐力运动时，VO_{2max}反映机体呼吸、循环系统氧的运输工作的能力。VO_{2max}是有氧耐力的基础，其值越大，有氧耐力水平越高。VO_{2max}可以用于有氧工作能力的评价和耐力运动员的选材。

第三节　核心力量与功能性训练的测试评价

一、核心力量的测试评价

在竞技体育中，任何项目的教练员和运动员都在寻求最有效的训练方法与手段。对于核心力量训练效果也同样需要一个准确的评价手段，这能够对于每一个阶段训练计划的制订和准确评价运动员进行核心力量训练后机体能力的变化提供有力的参考。核心力量测试的主要内容包括腰腹肌力量的大小，以及保持屈伸稳定、核心稳定和旋转稳定性的能力。核心力量的测试不仅可以帮助教练员和运动员发现弱势肌群，评价运动员的核心稳定状态，还可以让教练员了解运动员实际的运动状态，便于合理制订训练计划和训练任务。

（一）俯卧撑测试评价

（1）俯卧撑测试方法：俯卧，双脚并拢，双手分开略比肩宽，躯干和膝关节均着地。男运动员的拇指与头顶在同一平面上，女运动员的拇指与下颌成一条线，运动员向上撑起，整个身体同时抬起。该方法仅仅是对普通人群的基本测试，或对伤病康复的判断。

（2）俯卧撑评价标准：要求整个身体平直，没有塌腰拱背动作，两臂、肩平衡用力。

（3）俯卧撑优秀标准：在规定姿势下很好地完成动作1次。

（4）俯卧撑合格标准：在降低难度的姿势下完成动作1次。

（5）俯卧撑不合格标准：在降低难度的姿势下无法完成动作。

（二）八级腹桥测试评价

（1）第一级测试：俯卧支撑60s。动作要领：双手双脚着地，手指朝前，身体平直，手臂伸直。

（2）第二级测试：俯卧支撑抬左脚15s。

（3）第三级测试：俯卧支撑抬右脚15s。

（4）第四级测试：俯卧支撑抬左手15s。

（5）第五级测试：俯卧支撑抬右手15s。

（6）第六级测试：俯卧支撑抬右脚左手15s。

（7）第七级测试：俯卧支撑抬左脚右手15s。

（8）第八级测试：回到一级姿势30s。

上述测试标准的对象为成年男子，优秀选手或者专门训练者可以达到8级。小学生、中学生和女子在测试中可降低难度，将俯卧支撑姿势换成膝关节着地的跪姿8级腹桥测试。此外，也可以降低动作难度，采用俯卧肘支撑的8级腹桥测试。

（三）七级背桥测试评价

（1）第一级测试：T型背桥。动作要领：两臂侧平举贴于地面，与身体成T型。向上顶起髋部，大腿小腿约成90°，脚跟着地，勾脚尖。时间可参照腹桥标准。

（2）第二级测试：双手合十向前（上）。

（3）第三级测试：右腿髋屈膝伸勾脚尖。

（4）第四级测试：左腿髋屈膝伸勾脚尖。

（5）第五级测试：右腿外摆45°。

（6）第六级测试：左腿外摆45°。

（7）第七级测试：回到T型背桥（同第一级）。

（四）六级侧桥测试评价

（1）第一级测试：侧卧，肘支撑，两脚前后开立，与支撑手臂成三点支撑，非支撑手臂侧平举（向上），髋部保持中立位置，不下沉。时间可参照腹桥标准。练习时可直臂支撑以增加难度。

（2）第二级测试：两脚相靠。

（3）第三级测试：非支撑腿外展。

（4）第四级测试：非支撑腿屈髋45°。

（5）第五级测试：非支撑腿伸髋45°。

（6）第六级测试：两脚相靠。

之后换另外一侧进行。

（五）侧卧支撑测试评价

侧卧支撑测试方法为侧卧于垫上，以前臂和脚支撑，身体成一条直线，根据支撑时间进行评价。主要用于普通人测试。

（1）大学生侧卧支撑测试评价标准：①优秀——在规定姿势下能够很好地坚持60s；②良好——在规定姿势下能够坚持40s；③及格——在规定姿势下能够坚持20s；④不及格——不能在规定姿势下完成动作并坚持20s。

（2）中学生评价标准：①优秀——在规定姿势下能够很好地坚持40s；②良好——在规定姿势下能够坚持20s；③及格——在规定姿势下能够坚持10s；④不及格——不能在规定姿势下完成动作并坚持10s。

（3）小学生评价标准：①优秀——在规定姿势下能够很好地坚持15s；②良好——在规定姿势下能够坚持10s；③及格——在规定姿势下能够坚持5s；④不及格——不能在规定姿势下完成动作并坚持5s。

二、功能性训练的测试评价

（一）功能性动作测试

功能性动作测试（简称FMS测试）又称为功能性动作筛查，是在20世纪90年代设计出来的。它是一种通过基本动作模式来预测运动风险的筛查系统。此方法通过测试受试者的功能性动作、神经肌肉系统控制等方面表现出的稳定性和灵活性，以及在运动过程中潜在的动作补偿问题，来判断机体运动链的完善，降低运动过程中存在的风险。FMS测试的每个测试动作都有严格的评分标准，评分分为3分、2分、1分、0分4个等级，累积分值为21分（单侧），低于14分说明受试者受伤的风险要高于正常人15%～51%，需要引起重视，进行矫正训练。

作为一种革新性的动作模式质量评价系统，FMS测试简便易行，可以广泛用于各种人群的基础运动能力（灵活性和稳定性）评价。

功能性动作测试，反映的是人体的基本运动能力。通过深蹲、跨栏架、旋转等7个基本动作模式的测试，可以发现在完成基本动作时人体各环节、部位的局限性因素或均衡性问题，测试结果可以作为制订运动训练计划的依据。在进行测试时，要求受试者严格按照动作要领做出规定动作，最大幅度地完成运动。测试动作虽然简单，但可以判断受测者在动作的控制、稳定等方面的表现。如果受测者的稳定性、灵活性不足，身体某些部位不平衡，他的薄弱环节就会充分表现出来。功能性动作测试的动作名称和目的具体见

表1-3①。

表 1-3　功能性动作测试的动作名称和测试目的

动作名称	测试目的
深蹲	评价肩胛区、肩关节、胸椎的灵活性和稳定性
跨栏架步	评价双踝、双膝、髋部两侧的灵活性和稳定性
直线弓箭步	评价背阔肌、股直肌的灵活性及髋、踝、脚的灵活性和稳定性
肩部灵活性	评价肩关节、肩胛骨的灵活性以及胸椎的伸展性
主动直膝上抬腿	评价小腿后侧肌群和异侧大腿后侧肌群的灵活性
躯干稳定俯卧撑	评价上肢力量的大小及核心稳定性
躯干扭转/旋转稳定性	评价上下肢运动时骨盆、核心部位及肩带的稳定性

即使高水平竞技运动员也不一定能完美地完成这些简单的动作。有些人在完成这些测试时，使用了代偿性的动作模式。如果以后他们继续使用这种代偿性动作，客观上就会强化这种错误的动作模式，最终会使动作的运动生物力学特征非常差，甚至造成受伤。要注意这类测试只能判断人的功能性动作情况，并不能直接反映运动能力。

1. 深蹲测试

这一动作可以评价髋关节、膝关节和踝关节的双侧均衡性和功能灵活性。通过观察举在头顶上的木杆，可以评价肩和胸椎的双向性、对称灵活性。若想成功地完成这一动作，运动员需要良好的骨盆结构、踝关节闭合运动链背屈、膝关节弯曲、胸脊伸展以及肩关节弯曲和外展。各个动作都可以根据表现进行打分，具体见表1-4。

表 1-4　功能性动作测试评分标准

分数	评分标准
3	准确地完成某个动作测试
2	具有能够完成某个动作的能力，但是不够准确或需要一些补偿
1	不能完成某个动作的测试
0	测试过程中被测试者出现疼痛

① 赵琦.体能训练理论与方法［M］.南京：东南大学出版社，2017.

2. 跨栏架步测试

跨栏架步这一动作需要受测者髋部与躯干在完成踏跳动作时具有正确的协调性和稳定性，同时也要有单腿站位的稳定性。跨栏架测试可以评估髋关节、膝关节与踝关节双侧功能灵活性和稳定性。完成踏步测试时，需要支撑腿的踝关节、膝关节和髋关节表现出稳定性，以及髋关节闭合运动链的最大扩展性。同时要求踏步腿踝关节开放运动链的背屈以及膝关节和髋关节的弯曲能力。受测者需要表现出足够的动态平衡能力。

3. 直线弓箭步测试

直线弓箭步筛查所采用的动作姿势主要是模拟旋转、减速和侧向的动作。直线弓箭步测试中，下肢呈绞剪姿势，这时身体躯干和下肢扭转，保持正确的连接。用于评估躯干、肩部、髋关节和踝关节的灵活性与稳定性、股四头肌的柔韧性和膝关节的稳定性。受测者要想较好地完成这一动作，就需要后腿（站立腿）踝关节、膝关节和髋关节以及相关闭合运动链的稳定性。同时也需要前跨腿（踏步腿）髋关节的灵活性、踝关节背屈能力。由于受测者要进行扭转动作，因此必须具有足够的稳定性。

4. 肩部灵活性测试

肩部灵活性评估双侧肩的运动范围，以及内收肌的内旋和外展肌的外旋能力。完成规定动作时，需要正常的肩胛骨灵活性和胸椎的伸展，以及外展／外旋、弯曲／伸展与内收／内旋组合动作时肩部的灵活性和肩胛骨与胸椎的灵活性。

5. 主动直膝上抬腿测试

通过主动直膝上抬腿可以测试在躯干保持稳定的情况下，下肢充分分开的能力。通过测试可以评价在盆骨保持稳定、对侧腿主动上抬时，腘绳肌与腓肠肌、比目鱼肌的柔韧性。若要较好地完成这一动作，需要受测者腘绳肌具有良好的功能柔韧性。与一般测试的被动柔韧性不同，该测试也能反映运动员侧腿髋关节的灵活性以及腹下部肌肉的稳定性。

6. 躯干稳定俯卧撑测试

俯卧撑是一个简单的动作，但从功能性的视角来看，俯卧撑可以从前后两个维度反映运动员维持脊柱稳定性的能力。俯卧撑是上肢的闭合运动，上肢和肩部做对称性动作，躯干在矢状面上维持稳定。在人体完成的众多动作中，都需要躯干保持足够的稳定，使力量在上肢和下肢、左侧和右侧的传递过程中保持均衡，减少损失。如果在做俯卧撑动作时，躯干稳定性欠缺，力量在传递的过程中就会减弱，导致功能性表现下降，也反映出某部位存在伤病的隐患。

7. 躯干扭转／旋转稳定性测试

躯干扭转／旋转稳定性的动作比较复杂，需要受测者有良好的神经肌肉协调能力，以及将力量从身体的某一部分转移到另一部分的能力。用以评价在上下肢同时运动时，躯干在多个维度上的对称稳定性。否则力量在传递的过程中减弱，功能性下降，损伤的可能性就会增加。

FMS是一项评价技术，它通过测试功能性动作来测查受测者灵活性与稳定性方面的不平衡。这种评价技术可以放大受测者动作补偿的问题，从而使人们更容易发现问题。也正是这些动作上的瑕疵会导致运动链系统出现故障，并使受测者在活动时动作效率不高，并有受伤的风险。通过查明与本体感觉相关的、灵活性与稳定性等方面的功能性问题，可以减少运动损伤的可能性，并通过针对性的训练来提高运动表现。

（二）选择性功能动作评价

与FMS动作筛查不同，选择性功能动作评价主要是通过人体做动作时出现的疼痛来反映可能的不良性功能。选择性功能动作是多种多样的，通过各种动作来激发各种疼痛和功能不良的出现，它的目的不是反映动作是否完善，而是要找出可能存在的缺陷，找出动作模式链中最薄弱的环节。这一点非常重要，因为通常运动员的伤病产生是一个积累的过程，早期往往很难感觉和发现。而选择性功能动作评价就提供了一个发现可能导致伤病隐患的机会，利于完整地认识人体的功能状态，建立系统的动作行为观念。选择性功能动作评价标准具体见表1-5。

表 1-5 选择性功能动作评价标准

级别	功能和症状
FN	功能或动作模式正常，无痛
FP	功能或动作模式正常，疼痛
DP	功能不良或动作模式受限，疼痛
DN	功能不良或动作模式受限，无痛

与功能性动作筛查相比，选择性功能动作不是按功能性筛查的3、2、1、0来进行动作分级，而需要根据疼痛和动作质量两个变量之间的相互作用（即FN-FP-DP-DN四种模式）进行分级评价。

第四节 运动体能的测试

运动体能与身体素质有关，身体素质是运动体能的外在表现。身体素质也称身体适应性，是指人体在运动过程中表现出来的速度、力量、耐力、灵敏、柔韧、平衡、协调等机能能力的总称，是人体各器官系统的机能在肌肉工作中的综合反映。这种机能能力不仅与人体解剖、生理特点有关，而且与锻炼程度、营养状况密切相关。它是掌握运动技术、提高锻炼效果的基础。身体素质是决定运动体能的重要基础。目前的体质测试基本与运动体能测试类似。下面主要阐述速度、力量、耐力、柔韧和灵敏素质的测试。

一、速度素质的测试

速度是指人体进行快速运动的能力，包括人体对外界信号刺激做出快速反应、快速完成动作以及快速位移的能力。因此，速度素质包括反应速度、动作速度、位移速度。反应速度是指人体对各种信号刺激（声、光、触等）快速应答的能力；动作速度是指人体或人体某一部分快速完成某个动作的能力；位移速度是指人体在特定方向上快速移动的能力。影响速度的因素是多方面的，如肌肉的力量、肌纤维类型、中枢神经系统的机能状态、条件反射的巩固程度、年龄、性别、体形、柔韧性及协调性，等等。因此对速度素质的测试通常包括反应速度、动作速度、位移速度的测试。

（一）反应速度的测试

反应速度的测试通过测定反应时来进行，用突然发出的信号来统计运动员对简单信号的反应能力。反应时，也叫反应的潜伏期，是指从刺激开始呈现到做出反应之间所经历的时间。反应时的测定方法主要有对光、声反应时，即视觉和听觉反应时的测试。在实验内容上有复杂反应时与简单反应时两大类，其中复杂反应时又包括选择反应时、辨别反应时等的测试；简单反应时主要有光反应时测试、手反应时测试、全身跳跃反应时测试等。下面以光反应时和全身跳跃反应时测试步骤为例，进行阐述。

1. 光反应时测试

光反应时测试是利用仪器检测受试者机体视觉反应时的快慢，具体测试步骤如下：

（1）打开电源，待仪器所有灯熄灭，屏幕数字显示0.000后，可按键开始测试。

（2）受试者按"启动"键在0.5s～3s后（该时间任意变化）反应时键1～5号中任一键，发光有音响，这时食指离开"启动"键（即受试者按"启动"键后信号发出到食指离开"启动"键的时间）。这段时间表示简单反应时（第一个反应时间）。

（3）LED显示简单反应时，同时受试者食指以最快速度按向给出信号的键。一旦食指按下键，灯光信号随时停止，LED显示综合反应时（第二个反应时间）。

（4）上述"（2）"与"（3）"步骤连续操作5次后，按"功能"键，出现的第一组数据显示的是简单反应时的平均值，再按一次"功能"键，显示综合反应时的平均值，再按一次"功能"键，结束本次测试。

2. 全身跳跃反应时测试

测试全身跳跃动作时的反应时。具体测试步骤如下：

（1）受试者站在跳台上，膝关节微屈。

（2）以光或音响为信号，接受指令后尽可能快地垂直跳离跳台。

（3）用表面电极法记录受试者的小腿肌电图，通过示波器记录从信号到肌电图发现的时间（反应开始时间），从信号到脚离开跳台的时间（全身反应时）。

（4）连续测量3次，取其平均值，以毫秒为单位记录。

一个完整的反应过程由五部分组成：①感受器将物理或化学刺激转化为神经冲动；②神经冲动由感受器到大脑皮质；③大脑皮质对信息进行加工；④神经冲动由大脑皮质传至效应器；⑤效应器做出反应。因此，通过反应时的测试可以评价反应速度的快慢。

（二）动作速度的测试

动作速度是指人体或人体的某一部分完成单个动作或成套动作的快慢以及单位时间内重复动作次数多少的能力。这往往寓于某一个技术动作之中，例如，抓举的动作速度、跳跃起跳的动作速度、游泳转身的动作速度等。所以动作速度的测量是与技术参数测定联系在一起的，如测出手速度、起跳速度、角速度、加速度等。下面以两手快速敲击和坐姿快速踏足为例进行探讨。

1. 两手快速敲击

测量受试者两手快速交替重复特定动作的能力。调节金属触板与髂嵴同高。受试者站在测试台前，两手各持一根金属棒，食指按住棒的前端。听到信号后，两手快速交替敲击金属触板，记录计时器的数值（10s内重复动作的次数）。测3次，每次测10s，取最好成绩。敲击次数越多，受试者的动作速度越快。

2. 坐姿快速踏足

测量受试者两脚快速交替重复特定动作的能力。受试者坐在快速动作频率测试车车鞍上，两手扶车把，大腿成水平状，膝关节成90°，两脚快速上下交替做踏足动作，记录计时器的数值（10s内重复动作的次数）。测3次，每次测10s，取最好成绩。踏足次数越多，则受试者的动作速度越快。

（三）位移速度的测试

位移速度的测试通常采用短距离的极限强度跑来进行测试。常采用定距计时或定时计距的方法来测量。定距计时要求跑的距离不要过长，可用30～60m的距离。可测定2～3次，取最好成绩。定时计距可用4s或6s冲刺跑等方法来进行。测试时要在受试者不疲劳、神经兴奋性高的状态下进行。也可以测试绝对速度即不从起跑计时，而测定以最高速度跑过某段距离的能力，预跑距离在10～15m之间。

（1）30m跑。30m跑主要测试受试者快速跑动的能力。受试者采用站立式起跑，听到发令声后快速跑向终点，记录成绩。测2次，取最好成绩。50m、60m跑测试同30m跑测试的要求一样。

（2）4s或6s冲刺跑。受试者站立于起跑线，可采用任意方式起跑。听到发令声后快速跑动，当听到停跑声后立即停止跑动，记录受试者所跑动的距离。测2次，取最好成绩。

二、力量素质的测试

力量素质是指人体神经肌肉系统在工作时克服或对抗阻力的能力。力量素质可分为最大力量、快速力量与相对力量、爆发力、力量耐力等。根据肌肉收缩的形式可分为等张性力量和等长性力量。力量是反映人体运动能力的重要指标。

（一）最大力量测试

最大力量既可在静态条件下测定，也可在动态条件下测定。这种方法的优点在于，当器械以各种不同速度运动时都可以表现出最大力量。最大力量测试具体如下：

1. 握力的测试

测量受试者臂部、手部肌肉的力量。具体测试步骤如下：

（1）握力计指针调至零点。受试者手持握力计，转动握距调整螺丝，使中指第二关节屈成90°时为最佳握距。

（2）测试时，受试者两脚自然分开（约一脚距离），身体直立，两臂自然下垂，持握力计的手掌心向内，握力计的指针向外。用全力握住握力计的内、外柄。每只手握2次，分别记录最好成绩。取最好成绩与自身体重相比为握力指数（握力／体重）。注意在用力抓握的过程中，上肢和躯干保持垂直于地面。

2. 背肌力的测试

测量受试者背部肌肉的力量。具体方法为：受试者双足站在背力计的底盘上，调节拉杆高度（拉杆高度与受试者膝盖上缘平齐）。受试者上体前倾，双手正握拉杆，身体用力上抬。注意拉时膝关节保持伸直，不要猛然用力。测2次，记录最佳成绩，然后使指针回零。

3. 卧推测试

卧推主要用于最大等张肌肉力量的评价，通常以能够一次成功举推的最大重量，即1次重复重量（1RM）的大小表示。测试过程中，卧推的起始重量通常低于1RM重量，在成功完成该负荷的测定后，休息2~3min，继续推举新的重量直至1RM重量。一般情况下，每次增加重量的幅度不要超过2.5kg。具体步骤见表1-6[①]。身体其他部位、下肢最大力量（半蹲）的测试遵循同样方式。

表 1-6 最大负重（1RM）测试方法及步骤

步骤	强度	重复次数	备注
1	60%左右	8~10	热身
2	75%左右	3~5	热身
3	90%	1	

---

① 赵琦．体能训练理论与方法［M］．南京：东南大学出版社，2017．

续表

步骤	强度	重复次数	备注
4	100%	1	
5	100%+2.5kg	1	注意帮助

注：举不起时可适当减重，组间休息2～3min。

4. 等速的测试

等速测试可以测量人体各个关节的最大力量、力量耐力、爆发力，可以通过数据对比，利用专门的仪器对人的肌肉状况进行诊断。等速测试由于速度是可调的，而且测试过程中随时可以停止，因此极为安全，也被广泛用于肌肉康复练习。

利用等速测试实施肌肉力量检测与评价通常是在30～180°/s关节运动角速度。在慢等速运动条件下进行时，由于此时加载于肢体的负荷阻力最大，因此，慢等速测试常被用于进行最大动态肌力检测与评价。

等速肌肉力量测试的主要评价指标为峰力矩（PT），它是力矩曲线最高点所代表的力矩值，单位为牛·米（N·m）。每千克体重的峰力矩称峰力矩体重比。此值可供横向比较，有高度特异性及敏感性，是最有价值的动态肌肉力量评价指数之一。以膝关节伸肌为例，受试者取坐位于等速肌肉力量测试系统的测试椅上，腿部、躯干固定。调节等速肌力测试系统的膝关节运动角速度为60°/s，设定最大运动重复次数为5次。运动试验开始时，要求受试者尽最大努力完成膝关节屈伸运动，记录受试者每次最大收缩的结果，取最大值代表膝关节伸肌的最大等速肌力。

利用等速测试评价力量时，需要注意根据专项特点制定不同的评价标准，还要重视对对抗肌群力量的评价。在评价伸肌力量时，要重视对屈肌力量的评价，既要重视对局部主要运动环节力量的评价，又要重视对整体用力效果的评价。

（二）快速力量与相对力量的测试

（1）快速力量测试。快速力量的大小，通常可采用动力曲线描记图分析评价，例如：下肢蹬地力量或上肢击打力量的动力曲线描记图。通过计算快速力量指数也可评价快速力量。三维测力台和上述等速测力仪都可以用于快速力量和下肢爆发力的测试。

（2）相对力量的测试。相对力量是指每千克体重所具有的最大力量，所以其评价可在对最大力量测定的基础上进行，最大力量与体重之比值为相对力量（每千克体重）。

（三）爆发力测试

爆发力指肌肉快速收缩发出的力，是完成许多动作和位移运动必不可少的重要素质，常以立定跳远或原地纵跳来评价下肢的爆发力。

1. 立定跳远测试

立定跳远用来测试下肢肌肉力量及身体协调能力的发展水平。测试方法如下：

（1）受试者两脚自然分开站立，站在起跳线后，脚尖不得踩线。

（2）两脚原地同时起跳，不得有垫步或连跳动作。

（3）丈量起跳线后缘至最近落地点后缘的垂直距离。

（4）跳3次，记录最好成绩。以厘米为单位，不计小数。

2. 原地纵跳法测试

原地纵跳主要反映受试者垂直向上跳跃时下肢肌肉的爆发力。首先，测量受试者原地摸高（指尖）的高度；其次，原地用力向上跳起，达腾空最高点时做一标记，站立摸高与起跳摸高的垂直距离即为纵跳高度。测3次，取最好成绩。

（四）力量耐力的测试

对力量耐力的评价多采用多次重复完成动作的方法，根据重复的次数进行评价。

1. 仰卧起坐测试

仰卧起坐测量受试者腰腹部肌肉的力量耐力。受试者全身仰卧于垫上，两腿屈膝成90°角，两手指交叉贴于脑后，一同伴压住两腿关节处。起坐时，以双肘触及同侧膝关节为成功一次。仰卧时，两肩胛骨必须触垫。测试时，测试人员发出"开始"口令开始坐起，同时开表计时，记录1min所完成的次数。注意脊柱不宜过度弯曲。

2. 俯卧撑

测试受试者肩部、臂部和胸部的肌肉耐力。受试者身体成俯卧姿势，并用两手撑地，手指向前，两手间距与肩同宽，两腿向后伸直，用脚尖撑地。然后屈臂使身体下降，使肩与肘接近同一个平面，躯干、臀部和下肢要挺直，当胸离地2.5～5cm时，撑起恢复到预备姿势为完成一次。在1min之内连续完成以上动作，计算总的完成次数。

严格按要求完成动作，不能塌腰和抬臀，否则不计次数。普通男子1min俯卧撑标准见表1-7[1]。

表 1-7 普通男子 1min 俯卧撑评价标准

单位：个

年龄组	1分（差）	2分（一般）	3分（较好）	4分（好）	5分（优秀）
18～20岁	4～11	12～19	20～29	30～39	≥40
21～22岁	3～9	10～16	17～25	26～33	≥34

三、耐力素质的测试

耐力是体能的组成部分，也是人体运动能力的构成要素。训练学理论把耐力素质看作是人体在尽可能长的时间内进行一定强度运动的能力。许多项目在进行运动竞赛时都要持续一定时间，所以，耐力也被看作是对抗疲劳的能力。耐力是一种综合能力，是人体各器官系统机能和意志品质的整体表现，同时耐力素质指标也可以用来评价人体机能水平和体质强弱。耐力素质可以进行如下分类：

（1）按人体生理系统，把耐力素质分为肌肉耐力和心血管耐力。肌肉耐力与力量有关，故又称为力量耐力；心血管耐力与氧的供应与利用有关，

---

[1] 赵琦.体能训练理论与方法[M].南京：东南大学出版社，2017.

可分为有氧耐力和无氧耐力。

（2）按耐力素质与专项的关系，可以把耐力素质分为一般耐力和专项耐力。一般耐力是基础性耐力，对专项运动成绩的提高只能起间接作用；专项耐力是指与提高专项运动成绩有直接关系的耐力，具体地讲，是指以一定的强度维持专项比赛动作的能力。

评价有氧耐力的方法有很多，经常采用的方法是定距离的计时位移运动，如1500~10 000m跑、400~3000m游泳、100~200km自行车骑行及5000~10 000m划船等，还有定时计距的12min跑等。

通常测试最大摄氧量（VO_{2max}），既可以判定耐力水平，也可以用来指导耐力的训练。我国正常成年男子VO_{2max}为3.0~3.5升/分，相对值为50~55毫升/（千克·分）；女子绝对值一般为2.0~2.5升/分，相对值为40~45毫升/（千克·分）。

四、柔韧素质的测试

柔韧素质是指人体关节在不同方向上的运动能力以及肌肉、韧带等软组织的伸展能力。柔韧素质通过关节运动的幅度，按一定的运动轴产生转动的活动范围表现出来。柔韧素质分为一般柔韧素质与专门柔韧素质。一般柔韧素质是指机体中最主要的那些关节活动的幅度，如肩、膝、髋等关节，这对任何运动项目都是必要的。专门柔韧素质是指专项运动所需要的特殊柔韧性，如武术运动中的下腰、体操运动中横叉等。专门柔韧素质是掌握专项运动技术必不可少的条件。

测量与评价柔韧素质带有局部性的特点，其测量方法和手段均涉及身体有关部位完成动作时的活动幅度。一般来说，年龄越小，柔韧性越好，随着年龄的增大，柔韧性会越来越差。良好的柔韧素质不仅是运动所需，也可以防止受伤。另外，柔韧性并不是越高越好，要根据专项需要，过度的柔韧性练习会对关节稳定性带来不利的影响。柔韧素质对不同年龄的人都是非常重要的。要保持良好的柔韧性，需经常进行牵拉练习，自身用力的大小应依自我感觉来安排。柔韧素质的测试具体如下：

(一) 肩部柔韧性的测试

肩部柔韧性测试评价的是肩关节的活动范围。测试方法：站直后，举起右手，前臂向体后下方弯曲，并尽量向下伸展，同时，用左手在体后去触及右手，尽可能地使两手手指重叠。完成右手在上的测试后，以相反的方向进行测试（即左手在上）。一般总是一侧的柔韧性要好于另一侧，但相差过大说明肩关节存在隐患。

(二) 立位体前屈的测试

立位体前屈测量髋关节和腰椎的灵活性及有关肌肉、韧带的伸展性。受试者两脚尖分开5～10cm，并与平台前沿齐平，脚跟并拢，两腿伸直，上体尽量前屈，两臂平指伸直，两手并拢，用两手中指尖轻轻推动标尺上的游标下滑，直到不能继续下伸为止，记录刻度读数。以厘米为单位。测2～3次，取最佳成绩。

(三) 俯卧背伸测试

俯卧背伸测量脊柱的伸展性。受试者呈直腿端坐姿势。置挠度尺于两腿间，测量其坐高（鼻尖至地面之距）。然后，受试者俯卧于地，双手背叠于臀上，腿伸直。由一同伴按压其两大腿，受试者尽力向后仰体抬头。测试者在其前方，直尺的零端置于地面，当受试者后仰至最高点时，迅速上移引尺直至引尺上端触及其鼻尖（要求后仰至最高点并保持1～2s的稳定，以便测量）。测量2～3次，记录量尺的读数（厘米），取最佳成绩。用坐高减去最佳观测值，取其差为成绩。

(四) 转体测试

转体主要测量腰部的柔韧性。在平坦地面铺一画有0°～180°的图，系有锥形重物的约1m长木棍一根。受试者两脚开立约30cm，立于0°～180°直线上，双肘屈曲于体后夹住木棍，使锥尖正对0°，向左、右各缓慢转体2次。以转体角度为测量值，取两次测试的平均成绩为测验成绩。

五、灵敏素质的测试

灵敏素质是指在各种突然变换的条件下，机体迅速、准确、协调地改变身体运动的空间位置和运动方向的能力，如急起急停、左右滑步。灵敏性在很大程度上依赖于神经肌肉的协调性、反应时间和爆发力。灵敏素质可分为一般灵敏素质和专门灵敏素质两类。评价灵敏素质的方法很多，如反复横跨测试、象限跳测验、滑步倒跑测验、十字变向跑及综合性障碍等。

（一）10s象限跳

10s象限跳是测量受试者在快速跳跃中，支配肌肉运动和克服身体惯性的能力。受试者站在起点线后，听到信号即以双脚跳入第一象限，然后依次跳入第二、三、四象限。按此法反复跳10s，每跳入一个象限计一次。要求跳跃时必须双脚同时起跳，同时着地。路线或跳错象限不计次数，测2~3次，每次10s，记录完成次数，取最佳成绩。

（二）10s反复横跨

10s反复横跨是测量受试者迅速、协调地变换身体方向的能力。在平坦地面上，间距为120cm画三条平行线。预备时，受试者两脚分开落于中线两侧。听到"开始"口令，先向右跨，即右脚落于右边线外，左脚落于右边线内；然后回到预备时位置；再继续向左跨，同上面右腿动作；再回到预备时位置。凡完成上述1组练习者，每完成1次计4分。每次测试为20s，记录其完成次数和相应得分。可测2次，取最佳成绩。

（三）10s立卧撑

10s立卧撑是测量受试者迅速、准确、协调地变换身体姿势的能力。受试者并腿直立为开始姿势，屈膝至蹲撑，两脚后撤伸直成俯撑姿势，再收腿成蹲撑姿势，然后站起还原成开始的姿势，计其正确完成动作的次数。每名受试者由一名测试者测试。要求：下蹲时手撑地之处距足过远，俯卧时身体不直、屈肘，收腿距手过远，站立不直等，均不计数。计算方法同上。

第二章 体能训练的相关理论阐释

体能训练的内容就是提高专项需要的运动素质，选择或设计体能训练方法时应力求与专项技术动作形式、动作结构和能量代谢方式联系起来。另外，只有体能训练与相关理论知识有机结合，才有助于体能训练达到好的效果。本章重点探讨体能训练及其主要内容、体能训练的重要意义、现代体育理念及其思考。

第一节 体能训练及其主要内容

体能指人体各器官系统的机能在体育活动中表现出来的能力，包括力量、速度、耐力、柔韧、灵敏、协调等基本的身体素质与人体的基本活动能力（如走、跑、跳、投掷、攀登、爬越和支撑等）两部分。

体能是人身体的健康水平、大脑机能状态及人体基本活动能力（走、跑、跳、投、攀爬、支撑、搬运、负重、平衡、滚翻等人们在日常生活、劳动与人体运动中不可缺少的基本能力）等生理、心理状况的综合能力的反映。

体能就其本质而言，是人的体质的强弱和人体基本活动的能力，即人体在运动、劳动与生活中所表现出来的克服内外阻力的能力、快速动作能力、持续工作（运动）能力、协调的运动能力和灵敏准确的动作能力等。由此可见，体能不仅反映了人体活动的基本机能，而且也反映了人体参与体育运动、劳动以及生活的基本机能。

就体能的概念而言，它涵盖着两个方面的含义，即与身体健康有关的基础活动能力和与完成运动动作有关的基本运动能力。与身体健康有关的基础活动能力是指与提高健康水平和增强体质有关的因素，如心血管系统工作的耐久能力、肌肉收缩力量以及耐力、柔韧程度等身体能力，这是一般人都需要的与健康水平和体质状况直接相关的基础体能，是衡量机体健康状态的标准之一。

与完成运动动作有关的基本运动能力是指正确完成运动技术的能力，如速度、反应、爆发力、灵敏性、协调性和平衡能力等，是参加科学体育锻炼和竞技体育运动必须具备的运动能力。基本运动能力需要根据运动项目特点和要求采用专门的手段方法去练习和发展，是衡量训练水平和运动能力的标准之一。对体能的宏观把握和认识，将使体能训练更加科学，而科学地构筑体能框架结构也是为进一步研究体能训练奠定坚实的理论基础。

系统科学理论认为，系统是指集合了若干相互依存、相互制约的要素，具有特定的功能，为了实现确定的目标而组成的有机整体。体能系统由运动能力和机体适应能力两个子系统构成，而身体基本素质（即身体机能和身体形态结构）又是这两个子系统的影响因素。各子系统及相关影响因素相互依存、相互作用，共同组成了机体的体能系统。

当前，体能已成为体育运动中的一个专门术语被广泛使用。体能在体育运动中可以被看成是人体表现出来的力量、速度、耐力、柔韧、灵敏和协调等机能能力，同时这些能力在协调素质的不断提高下发挥出更大的效能。而人体的机能能力在人体运动时主要表现在肌肉收缩力量的大小、完成单个动作频率的快慢、体位移动一定距离用时的多少、保持肌肉持续工作时间的长短、肌肉群之间活动的协调配合和各个关节活动范围的大小等方面。由于这些机能能力是在大脑皮质神经调节和有关组织器官的配合下以肌肉活动的形式反映出来的，所以体能又可看成是人体在大脑神经中枢调控下，通过肌肉的活动所反映出来的机能。

人的体能状况存在着明显的差异性，即使同一个人在不同年龄段和不同条件下体能状况也会发生变化。变化的形式主要有自然增长、自然减退与训练增长。在人们处于生长发育的旺盛时期时，随其生长发育，人体各个器官和系统的结构与机能日趋完善与成熟，体能也相应得到增长，这种现象称为体能的自然增长。相反，当人体生长发育完全成熟之后，随着年龄的增长，人体各个器官系统机能逐渐降低，从而引起各项体能的减退。然而，通过对各种肌肉群进行不同形式的训练，能有效地提高体能或在一定程度上延缓体能自然减退的速度。

体能是指运动员机体的运动能力，是竞技能力的重要组成部分，是运动员为提高技战术水平和创造优异成绩所必需的各种身体运动能力的综合。这些能力包括身体形态、身体机能、身体素质三个基本方面，其中身体素质是体能的决定因素，身体形态、身体机能是形成良好身体素质的基础。

身体形态指人体的内外部形状；身体机能指机体各器官系统的功能，它是身体活动能力的基础；身体素质是机体在中枢神经系统控制下，在运动时所表现出来的各种基本运动能力，通常包括力量、速度、耐力、柔韧、灵敏和协调等运动能力。

此外，健康（指人在身体、心理及社会适应方面的良好状态）的身体是运动员参加训练活动的必要条件。构成体能的身体形态、机能、身体素质三个因素都有相对独立的作用，又有密切的联系，彼此制约、相互影响，其中每一个因素的水平都会影响到体能的整体水平。在三个构成因素中，身体素质是体能的外在表现，所以运动训练中多以发展各种身体素质作为体能训练的基本内容。

身体形态、身体机能、身体素质的许多指标很大程度上取决于先天的遗传因素，在后天的自然生长发育过程中，这些指标随着年龄增长产生变化。对一般人而言，身体形态和身体机能只要具备正常的功能，就可以适应日常环境和活动。但是对于运动员而言，由于他们必须在运动训练和比赛的特定环境里，在超常的运动负荷和极度紧张的心理状态下进行活动，因此，仅仅使身体形态、身体机能和身体素质维持在一般水平上是远远不够的，必须在机体正常的生理范围内挖掘最大潜力，以达到生理"极限"水平。

由于现代运动成绩已达到很高水平，要创造优异成绩就必须使身体具有创造这种高水平成绩的基础。所以，体能训练就要在遗传和人体自然生长发育的基础上，对机体中的可变异部分通过运动训练给予影响，使之不断提高并适应创造高水平成绩的需要。总之，体能训练的根本任务就是要在运动训练中运用各种有效的训练方法和手段，使运动员的身体形态、身体素质和各器官系统机能水平得到全面发展和提高。

体能训练的基本内容是充分发展与运动员专项运动成绩密切相关的力量、速度、耐力、柔韧、灵敏度等身体素质，从而深刻影响和促进运动员身体形态和机能的改善，提高运动员的健康水平，为专项运动成绩和技术水平的不断发展奠定良好的基础。

在运动训练中，体能训练分为一般体能训练和专项体能训练两类，具体如下：

（1）一般体能训练是指运用多种非专项的体能练习手段所进行的，旨在促进运动员的身体健康，提高各器官系统机能，全面提高身体素质，改善身体形态，掌握非专项的运动技术、技能和知识，为专项成绩的提高打好基础的训练。

（2）专项体能训练是指采用直接提高专项素质的练习，以及与专项有紧密联系的专门性体能练习，最大限度地发展与专项成绩有直接关系的专项身体素质，以保证掌握专项技术和战术并在比赛中顺利有效地加以运用，从而创造优异成绩的训练。由于项目不同，专项体能训练的内容有很大区别。

一般体能训练与专项体能训练之间相互依存，互为因果。一般体能训练是专项体能训练的基础，为专项身体素质的提高创造必要的条件。而专项体能训练则是提高专项运动成绩的特殊需要，并直接为创造优异的专项运动成绩提供保证。随着运动员专项技术水平的不断提高，其对一般体能训练所提供的基础及专项体能训练的要求也要随之改变，以适应专项提高后的要求。

一般体能训练和专项体能训练总的目标是一致的，在不同的训练时期根据需要会有所侧重。[1]

第二节 体能训练的重要意义

一、促进身体健康

健康是运动员从事运动训练的必要条件，良好的健康状况是系统训练的根本保证。体能训练能够有效地提高运动员内脏器官，特别是心血管系统、呼吸系统机能，增强骨骼、肌肉、肌腱与韧带等运动器官功能，并使中枢神经系统机能得到明显改善；同时，对于克服人体生物惰性，促进新陈代谢都具有极为重要的作用。而上述作用能够有效地提高机体对外界环境的适应能力和对疾病的抵抗能力，从而有效地提高运动员的身体健康水平。

二、提高身体素质

提高身体素质，是奠定创造良好运动成绩的基础。运动员为了在比赛中创造优异成绩，刻苦训练，奋力拼搏，向人类身体运动能力的极限发起一次又一次冲击。要充分发挥人体的运动潜力，在赛场上创造优异成绩，就必须最大限度地发展和提高力量、速度、耐力、柔韧、灵敏度和协调能力等身体素质，而体能训练正是实现这一目标的主要途径。通过体能训练，能够有效地提高运动员的力量水平，提高速度和耐力素质，并使运动专项所需的柔韧性得到良好发展，获得更好的灵敏素质和协调能力，从而确保专项身体素质得到最大限度的提高。如果一般身体素质能够得到协调统一的发展，便会为最大限度地创造优异的专项成绩打下坚实基础。

---

[1] 耿建华.体能训练理论与方法[M].西安：陕西师范大学出版总社有限公司，2013.

三、保证有机体适应大运动量的需要

现代竞技运动竞赛频繁，竞争激烈，运动员要在重大比赛中夺取胜利，创造优异成绩，只有通过大运动量的训练，掌握娴熟的专项技术、战术才能达到。从第一届奥运会到现在，运动训练的发展经历了自然发展阶段、新技术广泛应用阶段、大运动量阶段和多学科综合利用（即科学训练）阶段。科学训练阶段的一个重要特点是广泛运用现代科技成果于运动训练，科学系统地监测运动训练过程，并在此基础上保证大运动量的训练。大运动量训练要求运动员必须具有强健的体魄、良好的身体机能，而体能训练能够为此打下坚实的基础，并使运动员在进行大运动量训练的情况下，承担训练和比赛对有机体的基本要求。

四、有利于掌握先进的运动技术

体能训练实际上是使运动员有机体各器官系统功能协调发展，具有完备的从事专项竞技运动能力的过程。不同的运动项目对有机体的运动能力有不同的要求。例如，短跑要求运动员必须具备突出的爆发力，良好的反应速度、快速移动速度和专项柔韧性，以及对快速运动的优秀的协调能力；举重则要求最大限度地发展运动员的力量水平和专项动作速度，并对专项耐力、专项柔韧性和协调性有很高要求。除此之外，体操、武术、拳击和球类等运动，对各项身体素质都有很高要求，并且有些技术动作本身就是身体素质的综合表现，只有在充分发展各项身体素质的基础上，才能很好地掌握复杂、先进的技术。而体能训练正是实现这一目的的基本保证，只有通过体能训练，才能为运动员提供掌握复杂、先进的技术和战术基础。

五、提高竞技能力

竞技能力是取得优异成绩的主导因素，是由身体形态、身体机能、身体素质、技术、战术、心理和智力水平等因素决定的，这七个因素可近似地概括为体能技能和心理能力。体能是通过运动员的身体形态、身体机能和身体素质表现出来的，这一特点决定了它是竞技能力的物质基础。没有体能，技能就会成为无源之水，心理能力则成为无本之木，竞技能力也就无从谈起。

六、减少运动损伤

竞技运动实践已经充分证明，高水平运动员的优异成绩，是建立在运动素质发展水平的不断提高、有机体形态的改变和机能水平的高度发展基础上的。体能训练对身体形态改变越深刻，机能发展水平越高，其衰退速度也就越慢，保持时间也就越长。这样专项技术、战术发挥与保持的时间相应也会更长，运动水平衰退速度也就更慢，运动员就能更长久地保持高水平的竞技运动能力。

在运动训练和比赛中，有些运动员某一肌群的力量薄弱致使一些关节缺乏稳定性，受到对方队员的冲撞以及过大的运动惯性导致关节和肌肉损伤的现象屡见不鲜，有些运动员由于运动损伤的困扰不得不过早地结束运动生涯。因此，运动员具有较好的身体素质不仅能够提高运动成绩，而且也是减少运动损伤、延长运动寿命的重要保障。[1]

第三节　现代体育理念及其思考

一、现代体育理念

（一）人文体育理念

人文体育理念是体育文理交叉的集中体现，也是"以人为本"思想在体育领域应用的体现。"以人为本"的人文体育理念在竞技体育、学校体育、社会体育三大领域的体现，重塑以人的发展为核心的人文体育理念，实现以人文发展理念促进体育学科自身的完善，使体育能更加有利于促进人的全

---

[1] 王向宏.体能训练理论与方法［M］.2版.北京：北京航空航天大学出版社，2014.

面发展。人文体育观价值体系的建立，将使人们意识到体育所蕴含的人性意义，并使体育重新和人生联系在一起，推动体育真正走上"以人为本"的科学发展轨道。传统学校体育目标忽视人文性，重视科学性。体育目标如果过分强调科学性，就容易使喜爱体育运动的学生远离体育课堂，体育教学也将失去培养人的价值。

人文体育理念以以人为本人和文化本位主义为出发点，以提高素养、领悟体育文化魅力为目标，强调体育文化属性和社会功能。基于体育运动本身蕴含的竞争、团结、拼搏等人文精神内涵以及体育广泛的社会参与特性，无疑体育的人文理念目标实现有重要意义。

（二）健康体育理念

健康体育理念是体育教学中多年来一直秉承的主导理念。高校体育的最终目标就是使大学生形成健康意识和养成锻炼习惯。体育教师应加强体育与健康基础理论知识教学，积极探索符合实际的教学方法。我国高校体育教学仍存在重技术和身体素质练习、轻科学健身能力培养的问题。为此，从体育教学内容到课程设置以及成绩评定，对体育教学进行全面改革，在体育教学中切实将学生身心健康放在首要位置，才能适应素质教育的要求。

"健康第一"指导思想的提出是从科学本位和人体本位主义出发，以学生体质下降为社会背景，以增强体质、增进健康为目标，新体育健康课程标准也是以此基础构建的，是今后学校体育教学追求的近期目标。

（三）休闲体育理念

休闲体育理念是基于体育的娱乐属性提出的一种教学及全民健身理念。休闲体育是社会在其发展过程中自发形成的文化现象，是对休闲与体育之间的文化认同的产物。身体、心理和社会适应的三维健康观是休闲体育的科学理论基础。就宏观层面而言，休闲体育教育既是休闲和体育教育两个文化范畴一体化的表现，也是现代休闲生活方式的基本内核；从微观层面来看，它既是以休闲运动项目为内容的体育教育活动，也体现了休闲化的体育教学过程之义。

休闲体育理念是以体育的娱乐属性为基本出发点，以休闲娱乐为目标，强调在可供支配的自由时间里，通过人对体育活动的体验而达到身育和心育的目的，是一种具有多元价值取向的体育理念。休闲体育要求运动项目具有娱乐性和冒险、刺激等强烈体验特性。

（四）终身体育理念

终身体育理念主要体现在全民健身领域，是随着社会进步，人们生活理念转变的产物。高校体育是终身教育的重要组成部分，也是终身教育的基础；终身教育又是高校体育的延续和发展。高校体育是全民健身的重要一环，是培养学生终身体育的关键环节，为此，高校体育教育必须进行相应的改革，以适应未来市场经济对人才素质的需求。高校体育教育必须做好对大学生进行终生体育教育工作，转变观念，改革高校体育教育思想、教学体系、教学内容和教学方法。高校体育是学校体育的最后阶段，对培养学生终生体育健身意识、习惯以及与社会体育相衔接具有重要意义，其教学指导思想则是反映在教学实践中是否关注学生身心健康、真正实现"健康第一"理念的问题。

终身体育理念是以体育的健身功效为基点，以全民健身意识萌发为背景，在大众健身领域形成的一种积极的健康生活理念。高校体育作为学校体育和社会体育的衔接阶段，理应为学生终身意识、终身体育能力、终身体育习惯奠定基础。

二、现代体育理念的思考

体育理念在学校体育和社会体育中都有积极意义。通过对四种体育理念的应用比较研究，具体见表2-1。

表 2-1　四种体育理念应用比较

体育理念	内涵	思想本位	体育目标	应用范围
健康体育理念	以素质教育为核心，强调身体健康、心理健康和行为健康，使身心得到健康和谐发展	人体本位 科学本位	增强体质 增进健康	高中、大学体育教学

续表

体育理念	内涵	思想本位	体育目标	应用范围
人文体育理念	以以人为本为核心,强调体育的综合功能、健身、育德、启智和养生,使身心及人格全面发展	以人为本文化本位	提高素养鉴赏体育领悟文化	学校体育教学社会体育
终身体育理念	以保持终身健康为核心,强调形成终身体育意识、培养终身体育兴趣、具备终身体育能力、养成终身体育习惯,使体育成为终身行为	生活本位行为本位	终身锻炼终身健康	社会体育高中、大学体育教学
休闲体育理念	以身心体验为核心,强调在可供支配的自由时间里进行体育活动的心境、积极精神体验的生活方式,使体育成为一种娱乐行为	心态本位生活本位	健身中娱心感受体育	学前、小学、初中社会体育

通过表2-1可得出如下结论:

(一)娱乐和健身是体育的本质功能

体育运动项目是从人们生活娱乐中发展起来的,让体育活动回归到原生心境下进行,可以激发人们对体育的内心需求和兴趣。健身功效是体育活动对人体最直接的有利作用,身体健康也是健康的最基本要素。强身健体的目标是引导体育活动的可持续的根本动因。学校体育教学中,根据学生不同年龄段身心发育特征,初中之前适合以休闲体育理念为主导理念,激发学生对体育的感性认识和内心需求,高中及大学阶段适合以健康体育理念为主导理念,帮助学生提高对体育的理性认识并为终身体育奠定基础。

(二)学校体育和社会体育是体育的基本阵营

学校体育注重培育学生的体育兴趣、体育习惯、体育知识、体育能力和体育行为。社会体育注重引导体育行为、体育体验和体育效益。因此,学校体育教学理念应该以"身心体验"为核心的休闲体育理念过渡到以"素质教育"为核心的健康理念,兼顾以"保持终身健康"为核心的终身体育理念。社会体育应以健身体验和健身价值追求为引导,以休闲体育理念和终身体育理念为主导理念。

（三）科学和人文是体育基本属性

体育的科学属性本质在于帮助人们正确利用体育，为身心健康服务。为此，以科学本位和人体本位指导思想的健康体育理念适合作为在高中及大学阶段体育教学的基本理念。体育教学和大众体育锻炼中如果失去了人文属性，便失去了文化魅力，必然导致体育发展的价值取向单一化。人们对体育的感性认识是体育锻炼可持续发展的根本保障。因此，人文体育理念理应贯穿学校体育教学及社会体育全部过程。[1]

---

[1] 郭岩，余锋，左昌斌，等.实用体能训练指南［M］.北京：中国书籍出版社，2018.

第三章　体能训练原理与计划制订

体能训练计划是教练员依据对运动员体能现状的诊断而确定的体能训练目标，并根据体能发展的内在规律以及训练理论的要求，预先制订的保证运动员体能由现实状态向目标状态有效转移的设计和安排。依据体能训练原理，有利于体能训练计划的合理制订。本章重点探讨体能训练的基本原则、体能训练方法、体能训练计划及其制订与实施管理。

第一节　体能训练的基本原则

体能训练过程是一个不断重复进行的刺激—反应—适应过程，是一个身体结构与机能不断破坏与重建的循环过程，实质是人为地、有目的地、按计划地给运动员有机体施加系统化的适宜运动负荷刺激，使之产生人们所预期的适应性变化。科学运动训练不仅需要掌握训练理论，还需要掌握寓于训练理论背后的人体生理机能的变化规律。合理地安排运动训练的各个要素，可使机体产生最佳的反应与适应，实现最佳训练效果。

训练过程存在许多不以人的主观意志为转移的客观规律。训练规律是指运动训练系统内部各要素之间以及它们与系统外部各相关因素之间在结构与功能上的本质联系和发展的必然趋势。这些本质联系在运动训练实践活动中不断重复出现，在一定条件下影响或者决定着运动训练的进程。训练规律是不以人们的主观意志而转移的客观存在。训练工作者在长期的运动训练实践中，不断总结成功的经验和失败的教训，并通过科学研究探索与认识训练过程中的客观规律，将实践获得的普遍经验与科研成果归纳、升华为理性认识，并以准确的文字加以表述，从而提出了用以指导运动训练实践的一些科学原则。

科学原则是人们对客观规律正确认识的反映。训练原则是运动训练过程客观规律的反映，是运动训练过程必须遵循的基本要求。体能训练原则是依据体能训练活动的客观规律而确定的组织体能训练所必须遵循的基本准则，是训练活动客观规律的反映，对训练实践具有普遍指导意义。科学化训练的重要内涵是遵循运动训练过程中的客观规律进行的训练，而运动训练原则是运动训练过程客观规律的反映，遵循训练原则就是遵循训练过程的客观规律，在很大程度上反映了训练的科学化程度。

需要注意的是，随着时代的发展，科学技术的不断进步，训练实践也在不断丰富人们的经验，人们对训练的客观规律的认识也不断深入，不同的原则和文字表述只能使训练工作者在一定程度上反映训练规律。实践始终超前于理论，训练是创造不存在的事物，即运动成绩，理论不可能事先论述清楚其中的一切和其创造的全过程，因此，需要教练员在掌握客观规律的基础上，以过人的"悟性"对训练进行理解。教练员自身积累的，经过实践检验的正确经验也是科学的一部分。综上所述，体能训练的基本原则具体如下：

一、体能训练的自觉性原则

自觉性原则是指在训练过程中，运动员在教练员的教育和引导下，自觉、主动地学习和运用有关知识和技能，加深对训练目的性的认识，掌握运动技能，提高竞技能力，独立自主地参与规划和训练计划制订，以及参与比赛并采用正确的决断。自觉性原则是植根于人们思想中的合理认识。认识越深刻，越广博，实践就越丰富。运动员只有把握事物的现象和本质，才能发展创造和独立自主，而这两者是取得最佳训练过程和良好比赛成绩必不可少的前提。

（一）自觉性原则的特性

（1）运动员是训练过程的主体，是知识、技能的接受者。辩证唯物主义认为，事物的发展，外因是变化的条件，内因是变化的根据，外因通过内因而起作用。运动员只有具有自觉学习、提高运动成绩的强烈愿望，才会专心致志地去接受长期艰苦的运动训练。

（2）当运动员对所从事训练的目的、意义、作用及自己未来发展有正确理解时，将激发训练以及比赛的积极情绪。运动训练的本质是对体力负荷建立适应的过程，功能潜力的充分动员有助于在更高水平上适应的建立。如果运动训练是运动员被迫无奈的选择，则所有正常的身体和心理负荷都会成为难以逾越的困难，从而产生消极的情绪，功能能力的发挥将受到抑制。

（二）自觉性原则的要求

1. 加强训练目的性和价值观教育

对运动员加强训练目的性和正确价值观的教育。教练员要善于启发诱导运动员，注意通过各种教育学及心理学的手段，进行训练的目的性教育，逐步树立起自觉训练的态度和动机，帮助运动员了解国内外体育运动的发展状况以及使运动员认识到获得优秀运动成绩对振奋民族精神及对国家、家庭、个人的重要性，从而获得鼓舞和激励。

2. 发挥教练员的主导作用

教练员的主导作用主要体现在正确地安排训练过程和运动员的活动，使其能够发展成为独立思考和行动的人。因此，教练员除关注具体训练外，还要注意关心运动员智育与德育的发展，尽可能地组织运动员参与谈论训练的目标，预测可能的前景。

教练员要善于提出问题和要求，特别是要善于布置，动脑筋想办法，努力开发运动员的智能，提高他们有关训练学的理论知识水平。在此基础上，吸引他们参加训练计划的制订，明确训练手段的作用及训练方法的意义。同时，需要注意运动员道德品质的培养，使其形成奋发图强、一丝不苟才能完成训练和比赛任务，自觉配合和自我牺牲的精神。有意识地培养运动员独立思考的能力，提高运动员在各种复杂的环境及社会条件下较好地控制自己的思想、行为和动作技术的自控能力和应变能力。

此外，教练员自身的榜样作用不容忽视，教练员要特别注意自身的言行，要善于说服教育，注意克服简单、粗暴的态度和做法，特别是以自身的知识、能力和表率作用以及通过有效的训练取得优异运动成绩来建立权威，取得运动员的信任，并以此激发运动员训练的积极性。

3. 发挥运动员的主体作用

运动员需要在训练过程中充分发挥其主体作用。运动员必须把教练员的指导作为不断提高自己竞技能力的方法来理解，从而保证自身能够主动地克服训练中所遇到的困难。自觉性教育的一个重要方面是提高运动员在各种复杂的环境条件及社会条件下较好地提高自己的思想、行为和动作技术的自控能力和应变能力以及自我负责等品质。这种心理上的稳定性和最佳发展的身体因素，以及高度的智力和竞技能力，对运动员起着决定性作用。

4. 满足运动员合理需求

要关心运动员的生活，安排好运动员的衣食住行，创造良好的人际环境，尽可能使他们有安全感和必要的尊重，并引导运动员形成自我实现的更高层次需要，以产生积极从事训练和比赛的动机。

正确运用精神、物质和信息这三种动力，互相补充，扬长避短，取得理想的效果。要正确地认识和处理好个体动力和集体动力的关系，让个体动力在大方向基本一致的情况下得到充分的发展，以求得比较大的集体动力的总量。

二、体能训练的区别对待原则

区别对待原则指在运动训练过程中，根据不同专项、不同的运动员或不同的训练状态、不同的训练任务及不同的训练条件等具体情况，有针对性地组织安排各自相应的训练过程，确定训练任务，选择训练内容、方法、手段和安排运动负荷的训练原则。教练员在制订训练计划时，根据每个运动员所独具的身体能力、潜质、学习特征以及所从事的专项等各方面特点（具体情况），设计出适合每个运动员特点的个体化方案。也就是说，整个训练过程必须依据该运动员的特点进行安排，使之得到最大的发展。

（一）区别对待原则的特性

1. 运动专项需要的多样性

不同专项运动员竞技能力（体能、技能、战术、心理、形态等），受不同因素的影响，也有不同的要求。因此在选择训练内容和手段时，必须注意不同专项竞技的不同需要，区别对待。

2. 运动员个人特点的多样性

世界优秀运动员负荷个体化是被广泛认可的。在现代运动训练中，个体化原则已经成为最重要的训练理论之一。教练员唯有在认真分析每一个运动员训练的不同方面的基础上，精心地制订出最适合个体发展的训练计划，才能使该运动员得到最佳的发展，才能发掘出该运动员的最大潜能。运动员个人特点包括性别、日历年龄、生物年龄与训练年龄、竞技水平生理和心理特点、身体状况、训练情绪等，这些都对训练安排提出了不同的要求。

同一名运动员的训练状态在不同阶段、不同时刻的表现不同，不同训练环境和训练条件也对训练内容和组织实施提出了不同的要求。

3. 运动训练与比赛条件的多变性

运动训练过程是个动态发展的过程，不同运动项目、不同运动员及在不同状态下该过程均处于不断的变化之中。这些因素的不断变化，都要求教练员及时根据训练对象的具体情况有区别地组织训练，以使运动员能更好地适应这些变化了的条件。这些条件包括决定竞技能力的各个因素，教练员的业务水平，对训练战略部署和战术安排，训练所处的阶段和具体要求，以及训练和比赛的气候、场地、器材、对手情况等。

（二）区别对待原则的要求

1. 掌握运动员个体与运动专项特征

（1）掌握运动员个体特征。由于运动员的思想、健康状况、训练水平以及学习、工作、日常生活等情况均不相同，教练员应深入了解具体情况并具体分析。注意掌握运动员的身心发展过程中的各种特殊情形，因势利导，区别对待。

（2）正确认识运动专项的特征。不同运动专项都有自己的决定因素及不同的发展规律。只有正确认识所从事项目的专项竞技能力的决定因素，并结合专项成绩发展的规律组织安排训练才可取得成功。

2. 考虑运动训练和比赛条件

训练过程中，必须考虑到运动员所处的训练时期和训练阶段等具体情况。不同阶段和不同时期有不同的要求。要了解在不同阶段和时期运动员的特点。另外，对比赛中的场地、气候、对手以及环境等客观条件也要给予充分考虑。

3. 处理好运动队中集体与个人的关系

在全队集体训练时，除有共同的要求和统一指导外，还必须有个别要求、个别指导，既要注意到全队的训练和比赛任务，又要考虑到个别队员的具体情况。需要根据训练的具体任务和实施训练过程中的变化，恰当地分配指导精力，使得每个运动员都感到教练员就在自己的身边，并感到每次训练教练员的安排和要求都能切合自己的实际情况。

4. 及时准确掌握运动员的情况

教练员只有在认真分析每名运动员的不同情况的基础上，精心制订出适合个性发展的训练计划，才能保证运动员得到最佳的发展，挖掘出运动员的最大潜能。对于运动员训练过程中的不同阶段，教练员应围绕竞技能力的主要决定因素来了解具体情况。例如，在形态方面，可测定身高、体重等指标；在素质方面，需要了解速度、力量、耐力等数据；在机能方面，应掌握脉搏、血压、发育水平及各器官系统的机能等基本情况。

三、体能训练的一般和专项训练原则

一般和专项训练相结合原则是指在运动训练过程中，要根据运动项目的特点、运动员的水平、不同训练时间、阶段的任务，恰当地安排两者的训练比重。

一般训练指的是在运动训练过程中，以多种身体练习、训练方法和手段，全面提高运动员的各种器官系统的机能，发展运动素质，改善身体形态和心理品质，掌握一些有利于提高专项的其他项目的运动技术和理论知识。目的在于按照专项的需要，使运动员的专项素质、技术、战术以及心理品质得到最大限度的提高，为创造优异的专项成绩打下多方面的基础。

专项训练指的是与运动员训练水平相似的比赛本身。专项特点是随着运动成绩水平的提高而不断变化的。专项训练是指在运动训练过程中，以专项运动本身的动作及比赛性练习，以及与专项运动动作相似的练习，提高专项运动水平所需要的各器官系统的机能，发展专项运动素质和心理品质，掌握专项运动的技术、战术、理论知识。其目的是最大限度地提高运动员的专项成绩。

一般训练目的是为专项运动成绩的提高打下良好运动素质、技术战术、心理品质各方面的基础；专项训练的目的则是直接为创造优异的专项成绩服务，两者的目的是一致的，相互促进，相互制约。在训练实践中要根据运动员的不同水平和层次的实际情况以及训练过程的不同时期和阶段，合理安排好一般和专项训练的比重。

（一）一般和专项训练原则的特性

1. 有机体是有机的整体

有机体各器官之间是紧密联系，互为影响的。在训练过程中，运动负荷给予机体施加的刺激使各器官系统产生的适应性变化也是相互联系，相互作用的。任何一种专项运动本身对运动员各器官系统机能的影响都在不同程度上有一定的局限性，进行一般训练采用多种练习内容、方法和手段可以补充专项训练的不足，促进各器官系统的全面提高，从而为运动员创造优异运动成绩打下良好的基础，保证专项训练的顺利进行。

2. 各运动素质发展的相互转移

力量、速度、耐力、柔韧与灵敏等运动素质不是孤立存在和发展的，彼此之间相互影响、促进和制约，在素质发展过程中存在大量相互转移的现象。一般将由于某一素质的发展而影响到另一种素质的发展称为运动素质转移。运动素质转移包括直接转移和间接转移、良好转移和不良转移、同类转移和非同类转移以及可逆转移和不可逆转移等，在训练实践中要充分考虑。

3. 一般训练对专项训练具有调节作用

专项训练的内容、方法和手段主要是专项运动本身，过多进行专项训练，容易引起有机体局部负担过重和中枢神经系统的疲劳。而如果安排适当的一般训练内容，则能起到积极的调节作用，从而更好地提高专项训练的效果。

4. 专项训练对专项运动的作用

一般训练只是起到打基础和调节等作用，而运动训练的目的是挖掘运动员的潜能，创造优异的运动成绩，因此，只有通过专项训练才能保证运动员掌握专项技战术，发展专项所需的机能能力和运动素质。

（二）一般和专项训练原则的要求

（1）一般训练的内容和手段的选择需要考虑全面性和实效性。由于受到训练时间、专项特点、训练条件的限制，一般训练练习选择内容应该少而精，一般应满足要求：既要能提高或保持一般工作能力水平，对专项素质都能起良好的影响，又要能形成和巩固在运动中起辅助作用的技战术等。

（2）一般训练既要全面又要反映专项化的特点。全面是指通过一般训练来发展运动员的各种机能能力和运动素质。虽然一般训练发展的不是专项所特有的能力，但却同样对专项成绩起积极作用。因此在练习内容和时机的安排上，要注意有利于运动素质和运动技能的转移。

（3）一般训练和专项训练保持适宜的比例。一般和专项训练安排存在一定的矛盾，在训练实践中要注意：由于各运动专项具有不同的特点及不同层次运动员的训练水平、运动年龄、不同训练阶段的任务不同等因素，一般和专项训练的组成比例不同。需要注意的是，尽管在多年从事运动训练的过程中，人体机能和形态进一步改造的幅度是逐步减少的，但在运动员训练的高级阶段一般训练仍有非常重要的作用。

（4）一般训练和专项训练的结合要考虑与练习之间的关系，形式要灵活多样。各种练习要达到良好训练效果都有必要的训练前提，如速度和力量性练习要取得良好效果则需要神经系统有良好的兴奋性和充足的能量物质储备。同时，由于各种练习后有机体恢复过程时间不同，所产生的后效作用保持时间不同，因此要考虑课与课、练习与练习的搭配顺序和间歇时间，尽可能排除或降低消极性转移的危险，要能促使负荷后有机体的尽快恢复。

综上所述，一般和专项训练是训练过程中不可缺少的两个方面，忽视或取消任何一个方面都会导致运动训练效果的减弱，甚至失败。因此，在训练过程中必须将两者有机地结合起来，从训练的对象、项目特点及不同训练时期和阶段的任务等实际出发，恰当地安排好二者的比例。

四、体能训练的"三从一大"原则

（一）从难原则

从难原则就是训练要有难度，要设置各种困难，让运动员在更为艰难、复杂的条件下勤学苦练，攀登竞技高峰。需要注意的是，不同项目由于项目特点不同，其训练难度也有差异，教练员要根据项目的特点、训练的不同时期及运动员个体特征等在训练过程中给予不同的分析。

（二）从严原则

从严一方面是指运动队的管理，须制订训练规章制度，严格管理。"三分训练七分管理"。要根据运动员身心发展的规律，针对运动员训练的不同阶段，结合具体情况进行科学管理；另一方面是指训练过程，包括对训练计划的制订与实施、训练技术和负荷指标的质量保证以及训练作风的培养等。因此，要坚持从实战需要出发的从严，要在不同训练阶段、不同训练周期、不同训练课上甚至每一个练习的细节上高标准、严要求。

(三)从实际出发的原则

"从实际出发"训练原则的核心,体现在训练要突出专项训练,是现代运动训练的最根本原则。训练要从实战需要出发,并增加比赛性练习,提高运动员实际的比赛能力。"从难、从严"专项是指与运动员训练水平相称的比赛本身,每一名运动员的专项特点是随其运动成绩水平的提高而不断变化的。因此,专项训练是与比赛本身的所有内容及其与之极为近似的一切。此外,也要注意增加不同层次的比赛次数,提高运动员实际的比赛能力,积累比赛经验。

(四)大负荷训练原则

根据运动员实际水平,需要进行大负荷(包括训练负荷量和强度)的训练。运动负荷是训练过程中,通过各种身体练习手段与方法及比赛对运动员有机体(生理与心理)所施加的刺激。因此"一大"是指大运动负荷,是运动员在承受一定的外部刺激时,使有机体在生理和心理方面所承受的总刺激,包括负荷强度与负荷量这两个既互相区别又相互联系的基本结构。

在训练过程中,"大"是必需的,但要是同一性质的基础上的大,应该是符合专项特点,提高专项成绩必需的。"一大"训练要大的科学,其实质是根据运动项目的规律、运动训练过程的不同阶段运动员的个人特点等具体情况,科学地选择训练内容、方法和手段以及安排负荷强度和负荷量。

五、体能训练的系统训练原则

系统训练原是指持续地、循序渐进地组织运动训练过程的训练原则。这一原则的确立与运动训练过程的连续性和阶段性的基本特性密切相关。它一方面指出运动员只有长时间、持续地进行训练,才有可能攀登竞技运动的高峰;另一方面又强调在一般情况下,必须循序渐进地,而不是突变式地增加训练负荷,才能取得理想的训练效果。

(一)系统训练原则的特性

系统训练原则需要遵循以下特性:

1. 认识客观事物从已知到未知的规律性

各运动项目的知识以及竞技能力各要素的发展都有各自的体系和内在联系，反映各运动项目由低到高、由易到难、由简到繁的发展规律，也反映人们认识客观事物从已知到未知的规律性。因此，要根据运动项目自身体系及其内在联系，以一定的顺序安排训练内容，选用训练方法与手段，使运动员循序渐进地掌握技术、战术，提高身体素质，这样才能取得良好的训练效果。

2. 训练效应的不稳定性

运动员在负荷作用下所提高的竞技能力具有不稳定的特点，当训练的系统性和连续性遭到破坏而出现间断或停训的时候，已经获得的训练效应也会消失以至完全丧失。为避免这种情况，必须在训练效应产生并保持一定时间的基础上重复给予负荷，使得训练的效应得到强化和累积，并不断改进和完善。

3. 人体生物适应的长期性

人体生物适应的长期性包括体能在内的构成运动员竞技能力的各个部分均需要经过长时间的训练才能得到明显改善和提高。运动员体能的改变要以运动员形态和机能系统的提高为基础，从而表现出高度发展的运动素质。运动员有机体对训练负荷的生物适应必须通过有机体自身的各个系统、各个器官等的逐步改造才可形成。

4. 人体生物适应的阶段性

人体在训练负荷下的生物适应过程不仅是长期的，也是有阶段的。机体对一次适宜训练负荷的反应可分为工作、疲劳、恢复、超量恢复与训练效应消失等几个阶段。在更长一个时间的跨度内，如几个月至一年的训练过程中，运动员机体能力的变化同样经历着不同的阶段，这就是竞技状态的形成、保持和消失三个阶段。

（二）系统训练原则的要求

1. 保持训练的系统性

为保证训练过程系统不间断地进行，训练的各阶段应有机地衔接起来。

运动员系统的多年训练活动，需要以健全的训练体制作为保证。如我国的三级训练体制，包括课外训练、业余体校和竞技运动学校的训练以及优秀运动队的训练三个层次，并担负着训练过程中不同阶段的训练任务。各训练的组织形式之间要密切配合，在内容的安排、训练和比赛的要求以及所承担的具体任务上都要有机地衔接起来。

2. 按阶段性特点组织训练过程

运动训练过程的组织实施必须遵循其阶段性的特点，有步骤、有秩序地进行，而这一步骤则是按固有的程序排列的。坚持全年、多年的不间断训练，保证运动员有机体所产生的一系列适应性良好变化能够获得长期的积累，使训练水平逐步提高，就要求训练过程的每次课、每个小周期、每个训练时期以至每个训练大周期都与上一次课、上一小周期、训练时期和大周期有机地联系起来，使之在原有的基础上不断提高。

训练内容、方法以及手段的选择是以各训练时期、阶段具体训练任务为基础，应充分考虑它们之间的内在联系和本身特点。一般要按由易到难、由简到繁、由浅到深、由已知到未知的要求进行安排。

3. 防止运动员伤病

运动员伤病将影响训练的系统性和连续性，产生伤病还会使训练长期中断，甚至影响运动员的运动寿命，所以，应充分注意并采取有效措施防止运动员运动伤病的发生。

六、体能训练的适宜负荷原则

适宜负荷原则是指根据运动员的现实条件和人体机能的训练适应规律，以及提高运动员竞技能力的需要，在训练中给予相应量度的负荷，以取得理想训练效果的训练原则。

实践中，合理地安排训练负荷主要体现在以下方面：能够根据训练任务、对象水平，逐步且有节奏地按照人体机能的适应规律加大运动负荷，直至最大限度；训练中遵循"加大—适应—再加大—再适应"的规律去安排运动负荷；负荷的递增是在一定的生理变化范围内，通过人体适应过程的规律而实现。

（一）适宜负荷原则的特性

1. 生物适应规律

适应性是生物体最基本的生理特征之一。适应性表现在若长期施加某种刺激，机体会通过自身形态、结构与机能的变化以适应这种刺激。有机体在生理极限范围内承受一定负荷的过程中会产生某种适应性反应。当有机体适应这一负荷后，会出现"机能节省化"现象。如果一段时间内，负荷刺激仍停留在原来水平上，有机体的机能水平就将停留在原来水平上。因此，只有在适应的基础上，不断通过加大负荷对机体施加更强烈的刺激，使机体不断获得新的适应，才能提高运动竞技能力水平。

2. 过度负荷

过度负荷是指超过运动员承受能力，导致运动员机体产生严重劣变的训练负荷。在训练过程中，若施加于运动员的训练负荷超出运动员在该时间所能够承受的负荷极限，机体各系统功能的正常运行就会遭到破坏，甚至会造成组织损伤等病理性劣变，破坏已经获得的积极的训练效果，还会损坏运动员的身心健康。因此，在训练过程中，应当科学分析运动员机体承受负荷的最大能力，避免盲目过大或过快地施加负荷。

3. 超量恢复规律

在运动训练的过程中，运动员有机体对运动负荷的反应一般为：耐受—疲劳（能量消耗）—恢复—超量补偿（恢复）—消退等特征。训练后如果安排足够的恢复时间，在身体结构和机能重建完成后，运动中所消耗的能量等物质以及所降低的身体机能不仅能得以恢复，而且会超过原有水平，这种现象称作"超量补偿"或"超量恢复"。一般将由于超量补偿所导致的机能改善称为"训练效果"。一定的生理范围内，负荷刺激越大，机体能量消耗则越多，疲劳程度就会越强烈。负荷解除后，如果能科学地安排一定的休息时间，那么能量物质的恢复就会越快，产生超量恢复的水平就会越高，人体在此基础上所表现出的运动能力也就越强。

在训练实践中,对机体的负荷通常都是连续进行的,几次负荷之间不同的间隔与联系会产生不同的效应。如果在前次负荷后机体的超量恢复阶段再进行负荷,会使机体水平不断提高;反之,则会下降。

(二)适宜负荷原则的要求

运动负荷是训练过程中,通过各种身体练习手段与方法,以及比赛对运动员有机体(生理与心理)所施加的刺激。运动成绩来自运动负荷的作用,是运动负荷所产生效应的综合结果。

1. 正确理解负荷构成

运动负荷应包括定性和定量两部分,只有对训练手段与方法定性后,再做定量,才能对负荷做出正确的计量。

(1)训练负荷的定性,具体如下:

第一,训练负荷专项性。专项是指与运动员训练水平相似的比赛本身。负荷要与运动员所参与的、与自己训练水平相称的比赛要求相符合,专项特点是随着运动成绩水平的提高而不断变化的。专项训练是提高运动成绩的直接因素,是取得高水平成绩的唯一途径。

第二,训练负荷对能量供应系统的作用方向。一切人体运动都需要通过肌肉的收缩来实现,肌肉运动的能量供应有三个供能系统(磷酸原系统、乳酸能系统和有氧氧化系统),分别参与不同工作时间、不同工作强度、不同能量需要的竞速运动。训练的重点则是根据项目要求的不同,发展相应的能量供应系统。因此,确定练习时肌肉工作主要以哪些供能系统产生作用是负荷定性内容之一。

第三,动作协调的复杂程度。协调性的复杂程度是训练中客观存在的,而区分它是运动负荷定性的一个方面。例如,在周期性运动项目中,动作协调的复杂程度比较单一,对运动负荷的影响不大;但跳跃或投掷类项目中,协调性的复杂程度则决定着负荷的大小与比赛的效果。协调性的复杂程度越高的练习,有机体承受的负荷就越大。要对此做出量化的定性,难度较大,目前在很大程度上还是经验性的评定。

（2）负荷定量。运动训练过程中的任何一个负荷都包含着负荷的量与强度这样两个方面。负荷的量反映着负荷对机体刺激的量的大小，负荷的强度反映着负荷对机体刺激的深度。

第一，负荷量的评价指标。一般为次数、时间、距离、重量等。

第二，负荷强度的评价指标。通常通过练习的速度、远度、高度、单位练习的负重量或练习的难度予以衡量。这些测量的方法和指标分别适用于不同的运动项目和不同的练习。

2. 正确认识负荷刺激生理临界

负荷量度的增加会带来更好的训练效果，而且越接近运动员承受能力的极限，效果就越明显。因此，尽管很困难，但教练员都努力致力于寻找这一负荷极限。

运动负荷的大小是相对的，是由人体存在的个体差异及个体在不同时期承受负荷最大限度的能力决定的。因此，科学地安排运动负荷的前提是必须科学地分析每一阶段每位运动员所能承受负荷的生理临界线及其变化阈值。作为教练员，只有随时掌握这条临界线的动态变化特点，才能使负荷安排具有针对性。负荷量度临界值的大小既随其发育程度、竞技水平等较为稳定的状态的变化而变化，又受到运动员健康状况、日常休息、心理状态因素的影响，因此测定评价必须有充分的科学依据。

在实践中，这条临界线往往借助于生理生化指标来分析。负荷刺激的生理临界点很难把握，需要教练员在实践中不断探索。在对负荷极限认识还不具备完全把握的情况下，通常应注意留有余地，以避免过度训练的出现。

3. 正确处理负荷量与负荷强度关系

负荷的量和强度构成了负荷的整体，双方彼此依存又相互影响，处理好两者关系是正确安排运动负荷的关键。任何负荷的量都是以一定的强度为条件而存在的，任何负荷的强度又都以一定的量为其存在的必要基础。一个方面的变化必然会导致另一方面的相应变化，因此，在分析负荷的大小时，一定要将这两个方面综合考虑。

4. 训练过程的监测控制

训练过程中负荷安排不当是造成运动损伤、过度疲劳的主要原因之一，因此，在训练过程中需要注意及时把握不同时期运动员的竞技能力状况，运用综合方法和手段建立科学的诊断系统，选取可靠的指标，分析训练过程和训练效果，及时准确地判断负荷的适宜度和恢复程度以及训练实际效果与预期目标的偏离情况，并进行及时调控，使训练始终围绕预定计划进行，从而保证最佳的训练效果。

七、体能训练的恢复原则

恢复原则是指及时消除运动员在训练中所产生的疲劳，并通过生物适应过程产生超量恢复，提高机体能力的训练原则。在长期的运动训练过程中，只有当运动员的有机体得到适宜的恢复，才能保证获得理想的训练效果。早期运动训练中，人们主要将精力置于运动训练方面，认为恢复是自然发生的事。20世纪70、80年代，人们逐渐意识到没有恢复就没有训练，恢复在运动训练中也占据着重要的地位。到了20世纪90年代，随着运动训练本质被逐步揭示，人们意识到从一定意义上讲，恢复甚至比训练本身还重要。

（一）恢复原则的特性

1. 超量恢复的规律

人体机能能力和能量储备由负荷后暂时下降和减少的状态回归到负荷前水平的过程，称为恢复。在恢复过程中，能源物质的补偿在一段时间内超过原有水平，这种现象叫作超量恢复。超量恢复持续一段时间后再降回到原有水平，即完成了一次训练负荷后恢复的全过程。

在一定范围内，运动负荷越大，消耗越剧烈，恢复过程就越长，超量恢复也就越明显。正是由于运动训练能引起超量恢复反应，使得运动员竞技能力的提高成为可能并为之奠定了物质基础。所以，运动训练的恢复不是满足于恢复到先前水平的恢复，而是要追求超量恢复。

2. 结构与机能的重建

训练过程实际上是一个反复进行的身体结构与机能的破坏与重建过程。通过运动负荷，使运动员消耗大量能源物质，引起微细结构产生某种程度损伤，以及造成内环境紊乱等，然后在恢复期，利用机体所具有的适应性特点，进行结构与机能的重建，使运动能力得到一定改善。而结构与机能的重建需要一定的时间过程。如果在恢复不完全情况下进行下一次训练，这时机体尚未完成重建过程，不但不能提高运动能力，反而会加重微细结构的损伤程度，使运动能力进一步下降，并需要更长的恢复时间。因此，从某种意义上讲，恢复意味着给予机体足够时间在训练后进行结构与机能的重建，以承担随后更大的训练负荷。

3. 疲劳消除的规律

机体产生和消除疲劳是有规律的。其中，负荷训练和恢复训练的统一规律是指在训练的具体过程中，客观存在着负荷和恢复两类不同的相互依存、相互影响的同步过程；负荷刺激—疲劳产生的效应规律是指在大强度或长时间的负荷刺激下，机体必然产生相应程度的疲劳症状；负荷性质与恢复方法的对应规律是指负荷性质与恢复方法之间存在着紧密的对应关系。

（二）恢复原则训练学要点

1. 正确认识负荷与恢复关系

深刻认识训练过程中负荷训练和恢复训练是并存的客观规律。这种规律不仅表现在负荷训练与恢复训练过程相继进行的特征上，而且表现在过程同步进行的特征上。因此，在训练实践中，不仅应认真规划负荷阶段中的负荷量、强度、时间、方式等因素，还应同时将恢复训练的措施、方法、效果等因素放在同等重要的地位上进行考虑。

2. 合理制订训练计划

一般训练计划建立在两种假设的基础上：一是所有运动员都能从训练中恢复过来；二是不同运动员恢复的速率和水平是一致的。需要注意的是，首先，运动员除训练外还有其他生活内容。这些活动是很难控制的，运动员可能在投入训练时已经处于某种程度的疲劳状态,这将可能导致在没有获得完全恢复的状态下就进行训练,并会影响下一次训练的效果。其次,不同运动员的恢复状况和恢复时间是不一致的,而且不同运动员的身体素质状况是不同的,因此,教练员在制订训练计划时,不仅要包括运动训练内容,而且要包括恢复和适应过程。

3. 分析疲劳产生机理

19世纪80年代以来,人们对运动性疲劳产生机理提出多种假说,最具代表性的有"堵塞学说""保护性抑制学说"和"自由基学说"等。教练员只有根据训练具体情况分析运动疲劳产生的原因,才能有针对性地制订恢复计划。

科学判断运动性疲劳的出现及其程度对合理安排体育教学和训练有重大实际意义。由于引起疲劳产生的原因和部位不同,疲劳表现的形式不相同,选用的测试方法也应有区别,通常是根据自我感觉和外部观察来进行的,也常采用一些比较客观的生理和心理测试方法。

4. 消除疲劳措施

(1)恢复方式

在运动实践中一般有两种恢复方式,即自然性恢复方式和积极性恢复方式。自然性恢复方式是指运动员训练后按日常作息或处于静止状态获得恢复的方式。积极性恢复方式是指运动结束后采用变换运动部位和运动类型,以及调整运动强度的方式来消除疲劳的方式。

(2)恢复手段

第一,训练学恢复手段。训练学恢复手段主要包括变换训练内容和训练环境,交替安排负荷,调整训练间歇的时间与方式,在训练课中穿插和采用一些轻松愉快、富于节奏性的练习等训练手段。

第二,睡眠恢复手段。自然界的很多事物存在周期性的规律,运动员的生活作息也应有周期性的规律,应培养运动员有规律的生活作息,通过充足的睡眠缓解疲劳的积累。

第三，心理学恢复手段。可以加速训练后疲劳的消除，降低神经、精神紧张程度，调节运动员的情绪，减轻心理压抑，对加速身体其他器官和系统的恢复过程产生积极的作用。采用心理调整措施恢复工作能力，减轻心理压抑，消除焦虑等主要是利用自我暗示、放松训练、音乐等手段。[①]

第二节 体能训练方法解析

运动训练方法是在运动训练活动中，提高竞技运动水平、完成训练任务的途径和办法。运动训练方法在教练员的"训"和运动员的"练"的过程中被应用，是教练员和运动员在双边活动中共同完成训练任务的方法。

运动训练手段是指在运动训练过程中，为提高某一竞技运动能力、完成某一具体的训练任务所采用的身体练习，是具体的有目的的身体活动方式，是运动训练方法的具体体现。同时，科学合理地选择运动训练手段也是衡量教练员训练水平的重要标志之一。训练手段的基本结构可从身体练习的动力特征、动作构成和动作过程三个层面予以解析：它的动力特征包括力的支点、力的大小和力的方向三个要素；动作构成包含动作的姿势、轨迹、时间、速度、速率、力量及节奏七个要素；动作过程包含动作开始、进行和结束三个阶段。由于动作的动力要素、构成要素和过程要素的变化，又组合出多种多样的训练手段。具体如下：

一、体能训练的重复训练法

重复训练法是指多次重复同一练习，两次（组）练习之间安排相对充分休息的练习方法。通过同一动作或同组动作的多次重复，不断强化运动条件反射的过程，有利于运动员掌握和巩固技术动作过程。相对稳定的负荷强度

---

① 王向宏.体能训练理论与方法[M].2版.北京：北京航空航天大学出版社，2014.

的多次刺激，可使机体尽快产生较高的适应性机制，有利于运动员发展和提高身体素质。构成重复训练法的主要因素有：单次（组）练习的负荷量、负荷强度及每两次（组）练习之间的休息时间。休息的方式通常有静止、肌肉按摩或散步。依单次练习时间的长短，可将重复训练法分为：短时间重复训练方法、中时间重复训练方法和长时间重复训练方法三种。重复训练法的应用具体如下：

（一）短时间重复训练法

短时间重复训练方法普遍适用于磷酸盐系统供能条件下的爆发力强、速度快的运动技术和运动素质的训练。例如田径运动中跨栏技术的分段或全程练习；排球运动单个扣球技术动作的练习或传（挡、推、截）球与扣（抽）球技术的组合动作的练习；足球运动单个射门技术动作的练习或接与传、接与投、掷（踢）技术动作组合的练习；拳击运动中各种方式的直拳勾拳的练习，表现性项群中各种基本技术或高、难技术动作的组合练习等，都可采用该方法进行训练。所有体能主导类速度性、力量性运动项群的技术、素质训练，以及所有技能主导类对抗性和表现性运动项群的高、难、强技术的训练和有关的速度素质和力量素质的发展，都以此为主要训练方法。

短时重复训练法的应用特点为：一次练习的负荷时间短（约在30s内），负荷强度大，动作速度快，间歇时间充分，单一动作或组合动作的各个环节前后稳定。间歇过程多采用肌肉按摩放松方式，以便能尽快促使机体恢复机能。重复次数和组数相对较少，可有效提高负荷强度很高的单个技术动作或组合技术动作运用的熟练性、规范性和技巧性，提高该类运动项目运动员的磷酸盐系统的储能和供能能力，提高运动员有关肌群的收缩速度和爆发力。

（二）中时间重复训练法

中时间重复训练方法普遍适用于糖酵解供能条件下的运动技术、战术和素质的训练。例如隔网性运动项群中多种技战术串联技术动作的重复练习或强度适中的单一技术动作的重复练习；同场性运动项群中爆发力较强、速度较快的单个技术动作的练习或由此类技术为主所构成的组合技术动作的重复练习；格斗性运动项群中任何一种连续进行的格斗练习或以该类技术动作为主所构成的组合技术动作的练习；难美性运动项群中成套动作练习等，都可采用该方法进行训练。中时间重复训练方法还普遍适用于运动员学习、形成和巩固运动强度较低的运动技术，适用于运动员掌握局部配合的运动战术，适用于比赛成绩为30～120s的体能主导类运动项群的技术和体质的训练。当然，对该类项群的训练，还应辅以短、长时间的重复训练方法。

中时间重复训练方法的应用特点如下：

（1）一次练习的负荷时间应较长，通常为30～120s。

（2）练习时，负荷时间可略长于主项比赛时间或负荷距离可略长于主项比赛距离。

（3）负荷强度应较大（负荷心率应在180次/min以上）并与负荷时间呈现负相关性。

（4）单一练习动作的各个环节或组合技术的基本结构应前后稳定。

（5）能量代谢主要由糖酵解供能系统完成。

（6）间歇时间应当充分。间歇应采用慢跑深呼吸以及按摩放松方式进行，可尽快清除体内乳酸，还可有效地提高运动员糖酵解供能系统的储能和供能能力以及糖酵解供能为主条件下的速度耐力和力量耐力，技能主导类运动项目中各种技术衔接与串联的熟练性、规范性、稳定性以及机体的耐乳酸能力。

（三）长时间重复训练法

长时间重复训练方法主要适用于无氧、有氧混合供能系统条件下的运动技术、战术、素质的训练工作。如技能主导类运动项群多种技战术的串联练习、连续攻防的对抗练习、组合技术的重复练习以及一次负荷持续时间为2～5min的各种运动素质的练习等，都可采用此法训练。该法同样适用于难度不大、负荷不高、技巧性强的单一技术动作的训练或难度不大的组合技术动作的训练，还适用于体能主导类（2～5min）耐力性运动项群的技术、素质的训练。亦可辅以中时间重复训练方法或持续训练法。

长时间重复训练方法应用特点为：一次练习过程的负荷时间更长（2~5min）；技能主导类项群技术动作的练习种类较多，同时参与技术战术训练的人数较多，战术攻防过程转换次数较多，训练的实战环境气氛较浓，组织难度增大；负荷时间略长于主项比赛时间或负荷距离略长于主项比赛的距离；负荷强度与负荷时间呈现负相关性；无氧和有氧混合供能性质明显。一次练习完毕，间歇时间应当充分，这样可有效提高该类运动项目运动员的无氧、有氧混合代谢的能力，并提高无氧、有氧混合代谢供能状态下的速度和力量耐力，以及各种技术应用的熟练性和耐久性。实践中，长时间重复训练方法与间歇训练法、持续训练法和变换训练法的有机结合，可以更好地提高训练效果。

二、体能训练的间歇训练法

间歇训练法是指对多次练习时的间歇时间做出严格规定，使机体处于不完全恢复状态下，反复进行练习的训练方法。

间歇训练法由五个因素构成：①每次练习的时间和距离；②练习重复的次数和级数；③每次练习的负荷强度；④每次（组）练习的间歇时间；⑤间歇时的休息方式。

通过严格的间歇训练过程，运动员的心脏功能可得到明显的增强；通过调节运动负荷的强度，机体各机能可产生与有关运动项目相匹配的适应性变化；通过不同类型的间歇训练，糖酵解代谢供能能力或磷酸盐与糖酵解混合代谢的供能能力或糖酵解与有氧代谢混合供能能力或有氧代谢供能能力得以有效的发展和提高；严格控制间歇时间，有利于运动员在激烈对抗和复杂困难的比赛环境中稳定、巩固技术动作；通过较高负荷心率的刺激，机体抗乳酸能力可得到提高，以确保运动员在保持较高强度的情况下具有持续运动的能力。

间歇训练法的基本类型主要分为三种：高强性间歇训练方法、强化性间歇训练方法和发展性间歇训练方法。

（一）高强性间歇训练法

高强性间歇训练方法是提高糖酵解供能系统的供能能力、磷酸盐与糖酵解供能混合代谢系统的供能能力的一种重要训练方法。高强性间歇训练方法不仅适用于体能主导类速度性和耐力性运动项群的素质、技术的锻炼，同时适用于技能主导类对抗性运动项群中的攻防技术或战术的练习。如隔网性运动项群中网前连续进行的攻防技术练习，向场性运动项群中连续曲线跑动进行的防守技术练习或连续跑动的"人盯人"防守技术的练习，格斗性运动项群中各种直拳、勾拳的组合练习或抱摔练习以及表现性运动项群中的各种组合练习，都可采用该方法进行。

自然，技能主导类运动项群为提高糖酵解供能系统的供能能力、磷酸盐与糖酵解供能混合代谢系统的供能能力也可采用此法进行身体训练。高强性间歇训练方法是体能类速度性和耐力性运动项群的主要训练法之一。

高强性间歇训练方法的应用特点是：一次练习的负荷时间较短（40s之内）；负荷强度大，心率多在每min190次左右；间歇时间极不充分，以心率降至每min120次为开始下一次练习的确定依据；练习内容多为单个技术或组合技术；练习的动作结构基本稳定；能量代谢主要启用磷酸盐系统以及糖酵解供能系统。可有效地提高运动员在该两类系统供能条件下的速度耐力和力量耐力以及糖酵解供能状态下技战术运用的规范性、稳定性和熟练性。

（二）强化性间歇训练法

强化性间歇训练方法是提高糖酵解供能代谢系统与有氧代谢系统混合供能能力以及心脏功能的一种重要训练方法。强化性间歇训练方法适用于一切需要这种混合系统供能和良好心脏功能的竞技运动项目的技术、战术及素质的训练工作。强化性间歇训练方法的练习动作或是单一结构的动作练习，或是各种负荷强度不同的技术动作的组合练习，或是某种战术形式的组合练习，或是多种战术混合运用的配合练习。如隔网性运动项群中扣球与传接球技术串联的练习，多种网上、网前、底线攻防战术的组合练习等；同场性运动项群中局部攻防战术的配合练习，篮下（门前）禁区的连续攻防战术的练习等；格斗性运动项群中拳击的各种直拳、勾拳练习和摆拳与直拳的组合技术动作练习等，都可采用该方法进行。

同样，表现性运动项群中的组合练习或成套技术动作的练习也可采用此方法进行。强化性间歇训练方法对于体能主导类速度耐力或力量耐力类运动项群意义重大。如400m跑、800m跑，200m接力游泳、400m接力游泳、500m划船等运动都广泛运用此法进行训练。

强化性间歇训练方法的应用特点是：对体能主导类运动项群来讲，一次练习的负荷时间略低于主项比赛时间（约在100~300s），负荷强度通常略低于主项比赛强度的5%~10%。心率控制在每min180次或170次左右即可，间歇时间以心率降至每min120次为开始下一次练习的确定依据，动作结构前后稳定。

对于技能类运动项群而言，技术动作种类较多，动作练习多为组合技术，技术动作的负荷强度较高，负荷性质多为力量耐力性和速度耐力性。负荷时间较长，其中A型强化性间歇训练有利于提高负荷强度较高的运动技术、战术运用的熟练程度，有利于提高糖酵解供能为主的供能能力以及该供能状态下的力量耐力素质；B型强化性间歇训练有利于提高负荷强度适中的运动技术、战术运用的熟练程度，有利于提高无氧与有氧混合代谢系统的供能能力以及此供能状态下的力量耐力素质。

强化性间歇训练方法强调严格控制间歇时间，强调启用糖酵解供能系统或以其为主的混合代谢系统供能。每次练习的次数（组数），因人而异。可有效地提高该项群运动员的糖酵解供能系统、混合供能的能力及此种供能状态下运动员有关肌群的速度耐力和力量耐力及技术运用的稳定性，使之与体能同步、协调、高度地发展，以便适应实际比赛的需要。

（三）发展性间歇训练法

发展性间歇训练方法是提高有氧代谢系统供能能力、有氧代谢的运动强度以及心脏功能的一种重要训练方法。发展性间歇训练方法适用于需要较高耐力素质的运动项群的训练工作，体能主导类耐力性项群运用此方法最多。在技能主导类运动项群中，发展性间歇训练方法通常用于减少人数的比赛时间分解成阶段性的连续攻防训练的过程之中。例如：同场对抗性运动项群中篮球运动的"三对三"攻防转换练习；足球运动中的"二对三"攻防转换练习；格斗对抗性运动项群中的体能训练和"一对二"的轮番格斗训练都可采用此法进行；表现难美性运动项群中的各种低强度的技术动作所编排的组合练习和有氧健身训练；技能主导类项群中以发展有氧耐力为目的的身体素质的训练也常用此法进行。

发展性间歇训练方法的应用特点是：一次练习的负荷时间较长，负荷时间应在5min以上，负荷强度控制在平均心率为160次/min，间歇时间，以心率降至每min120次为开始下一次练习的确定依据，一次持续练习的动作种类可以单一，亦可多元，供能以有氧代谢系统为主。在实际训练过程中，为了提高耐力训练水平，教练员通常将发展性、强化性间歇训练方法同持续训练方法结合应用，根据负荷强度的分级标准进行训练。

需要强调的是，间歇训练法的间歇时间的形式有等时间歇、不等时间歇和不规则时间的间歇三种，具体见表3-1。

表 3-1 间歇训练法的间歇时间的形式

形式	具体内容
等时间歇	就是在训练过程中同类训练项目之间的间隔项目与项目之间的间隔时间是相等的时间间歇
不等时间歇	就是在训练过程中同类训练项目之间的间隔时间是不相等的。不等时间歇又分为递增式、递减式和不规则式三种形式
不规则时间的间歇	就是在训练过程中同类训练项目之间的间隔项目与项目之间的间隔时间是不规则的时间间歇

三、体能训练的循环训练法

循环训练法是指根据训练的具体任务，将练习手段设置为若干个练习站，运动员按照既定顺序和路线，依次完成每站练习任务的训练方法。运用循环训练法可有效地激发训练情绪、累积负荷"痕迹"、交替刺激不同体位。

　　循环训练法的结构因素有：每站的练习内容、每站的运动负荷、练习站的安排顺序、练习站之间的间歇、每次循环之间的间歇、练习的站数与循环练习的组数。运用循环训练法可以有效地提高不同层次和水平的运动员的训练情绪和积极性；合理地增大运动训练过程的练习密度；随时根据具体情况加以调整，做到区别对待；防止局部负担过重，延缓疲劳的产生，并有利于全面身体训练。

　　循环训练法中所说的"站"是练习的站点，如果一个循环内的各个站点中，有若干个练习点是以一种无间歇方式衔接，那么这几个练习点的集合可称为"练习段"。因此，考虑循环练习的顺序时，有时应以"练习站"为单位，有时则应以"练习段"为单位。

　　依各组练习之间间歇的负荷特征，可把循环训练法的基本类型分为三种，即循环重复训练法、循环间歇训练法和循环持续训练法。三种循环训练法的组织形式共有三类，即流水式、轮换式和分配式。其中，流水式循环训练的做法是：建立若干练习站（点）后，运动员按一定的顺序一站接一站地周而复始地进行单个练习。这可以有效地全面发展多种运动能力，并使机体各个部位以及内脏器官得到训练。轮换式循环训练的做法是：将运动员分成若干组，各组运动员同一时间内在各自的练习站中练习，然后按照规定要求依次轮换练习站。这可以有效地集中发展某一运动机能和机体的某一部位，使身体局部产生深刻反映。分配式循环训练的做法是：设立较多的练习站，然后根据运动员具体情况指定每名运动员在特定的若干练习站内训练。

（一）循环重复训练法

　　循环重复训练法是指按照重复训练法的要求，对各站之间和各组循环之间的间歇时间不做特殊规定，以使机体得以基本恢复，可全力进行每站或每组循环练习的方法。循环重复训练法既可用于技术训练，也可用于素质训练，是竞技运动常用的训练方法之一。例如：在排球运动训练中，可将扣球、拦网及防守等技术作为练习站实施循环重复训练，或者将4号位强攻技术、3号位快攻技术、2号位背飞技术，以及2号位拦网技术、3号位拦网技术、4号位拦网技术设定为六个练习站，并两两组成"练习段"，反复实施循环重复训练。再如：在篮球运动训练中，可将跑动接球、运球过人、急停跳投与冲抢补篮等作为练习站实施循环重复训练，或者将各个练习站两两结合并成几个有机相连的"练习段"，实施循环训练。

循环重复训练法的应用特点是：可将各种练习设置为若干个练习站，练习动作应熟练规范，练习顺序符合比赛的特点，间歇时间较为充分。持续两组练习后进行一次长间歇。循环重复训练法的应用目的是：提高高强度技术动作的规范性和熟练性；提高攻防过程中的对抗性；将技术动作和运动素质与代谢系统的训练融为一体，使之共同提高；提高该类运动项目运动员的磷酸盐系统的储能和供能能力；提高该类运动项目运动员有关肌群的收缩速度和爆发力。

（二）循环间歇训练法

循环间歇训练法是指按照间歇训练法的要求，对各站和各组之间的间歇时间做出特殊规定，以使机体在完全恢复的状态下进行练习的方法。循环间歇训练法常用于发展运动员体能，亦用于协调发展技术、战术和素质之间的有机联系。

循环间歇训练方法的应用特点是：将各种练习设置为若干个练习站，各练习站的负荷时间至少30s，站与站之间的间歇较不充分。循环组间的间歇可以充分，也可不充分。循环间歇训练法的应用目的是：有效地提高该类项目运动员糖酵解系统及其与有氧代谢系统混合供能的能力，有效地提高该供能状态下的速度耐力及力量耐力。

（三）循环持续训练法

循环持续训练法是指按照持续训练法的要求，各站和各组之间不安排间歇时间，用较长时间进行连续练习的方法。循环持续训练法在竞技运动训练中的应用极其广泛。如将隔网对抗性运动项目中的扣球（杀、吊）、拦（截）、传（挡、推防）等技术练习设定成练习站并编排成组合技术（练习段），进行5~10min的较高强度的多球循环持续训练；将同场对抗性运动项目中的运球、传球、接球、投篮（射门）或跑动、接球、投篮（射门）或跑动、策应、传球、投篮（射门）等练习内容设定为练习站并编排成组合技术（练习段），进行5~10min的较高强度的循环持续训练，或在联合训练器上进行持续循环训练。

循环持续训练法的应用特点是：各练习站有机联系，各个练习的平均负荷强度相对较低，各组循环内各站之间无明显中断，一次循环的持续负荷时间应在8min以上，甚至更长；负荷强度高低交替搭配进行；循环之间的间歇时间可有可无，循环组数相对较多；上下肢练习、前后部练习顺序的配置或集中安排或交替进行；组织方式可以采用流水式或轮换式。

运用循环持续训练法可以提高运动员持久的对抗能力、运动技术的稳定能力以及技术之间的衔接能力，提高运动员攻防技术的转换能力、疲劳状态下连续作战的能力以及有氧工作强度，提高有氧代谢系统供能的能力、有氧工作强度以及有氧代谢供能状态下的力量耐力。

四、体能训练的持续训练法

持续训练法是指负荷强度较低、负荷时间较长、无间断地连续进行练习的训练方法。练习时，平均心率在每min130~170次。持续训练主要用于发展一般耐力素质，有助于完善负荷强度不高但过程细腻的技术动作，可使机体运动机能在较长时间的负荷刺激下产生稳定的适应，使内脏器官产生适应性的变化，提高有氧代谢系统供能能力以及该供能状态下有氧运动的强度，为进一步提高无氧代谢能力及无氧工作强度奠定坚实的基础。

根据训练时持续时间的长短，持续训练法可分三种基本类型，即短时间持续训练法、中时间持续训练法和长时间持续训练法。

（一）短时间持续训练法

短时间持续训练法广泛应用于体能主导类项目的运动素质训练之中，也适用于技能主导类运动项群中动作强度较高的素质、技术和战术的训练工作。例如：隔网性运动项群中传球、防守等组合技术的练习；同场性运动项群中接球、运球、传球、投篮（射门）等组合技术的攻防战术练习，某种"人盯人"的战术打法练习以及各种跑动、接球、投篮（射门）等组合技术的攻防战术练习等，都可采用此法。

短时间持续训练法的应用特点是：一次持续练习的负荷时间相对较短（一般为5~10min），负荷强度相对较高，平均心率负荷指标控制在每min170次；练习动作可以单一也可多元；练习动作的组合可以固定亦可变异；练习过程不中断。可有效地提高该类运动项目运动员的无氧、有氧代谢系统混合供能的能力和该供能状态下的运动强度，该供能状态下所表现出来的速度耐力和力量耐力，激烈对抗的持久性、攻防技术运用的转换性、负荷强度变换的节奏性、各种攻防技术运用的衔接性、某项技术战术应用的熟练性和疲劳状态下技术效果的稳定性，以及有氧、无氧代谢下的供能能力和运动强度。

（二）中时间持续训练法

中时间持续训练法普遍适用于技能主导类运动项群各个项目中多种技术的串联、攻防技术的局部对抗、整体配合战术或技术编排成套的技术或战术训练，以及体能主导类耐力性运动项群训练。实践中，中时间持续训练法具有两种典型的练习形式，即匀速持续训练和变速持续训练。其中，匀速持续训练是典型的以发展有氧代谢系统供能能力为目的的训练方法。

中时间持续训练法的负荷强度与负荷时间因具体运动项目的比赛距离不同而有所差异。中时间持续训练法的特点是运动强度相对较低，负荷强度变化较小，运动速度相对均匀，运动过程不中断，练习动作相对稳定，负荷强度一般心率在每min160次左右，人体能量消耗较小。变速持续训练是一种强制性的以发展有氧与无氧代谢系统混合供能能力为目的的训练方法。中时间持续训练法运动强度相对较高，负荷强度变化较大，运动速度变化较多，运动过程不中断，负荷强度一般心率在每min170~150次，人体能量消耗相对较大。

中时间持续训练法的应用特点是：技术动作可以单一也可多元，平均强度较小，负荷时间相对更长，以有氧代谢系统供能为主。一组练习的持续负荷时间应为10min以上。负荷强度心率指标为每min160次左右。体能主导类项群广泛用于发展耐力素质。在技能主导类运动项群中采用此方法时，练习的基本技术应当娴熟，组合技、战术的训练应有明确的战术意图，技术动作的负荷强度搭配应当合理，并确保训练过程不中断。

中时间持续训练法可有效地提高运动员以有氧代谢系统供能为主的代谢能力和该供能状态下的运动强度，提高该供能状态下所表现出来的专项耐力，提高技术应用的稳定性和抵御疲劳的耐久性。

（三）长时间持续训练法

长时间持续训练法对于体能主导类耐力性运动项群具有直接训练的价值。实践中，长时间持续训练法具有三种典型的变化形式，即匀速持续训练、变速持续训练和法特莱克训练。其中，长时间持续训练法中的匀速持续训练、变速持续训练形式与中时间持续训练法中的主要不同之处是：负荷强度相对更低，负荷时间相对更长，转战场所变更较多。长时间持续训练法在技能主导类运动项群中的应用领域相对狭窄，其原因在于长时间持续训练方法的应用目的是发展一般耐力，过分地采用长时间持续训练法进行训练，不仅无助于技能类运动项群运动成绩的提高，甚至有可能引起机能的不良改变或阻碍主要专项运动素质的发展，因此只作为技能主导类运动项群中一项辅助性的练习。

五、体能训练的变换训练法

变换训练法是指变换运动负荷、练习内容、练习形式以及条件，以提高运动员积极性、趣味性、适应性及应变能力的训练方法。

变换训练法是根据实际比赛中过程的复杂性、对抗的激烈性、运动技术的变异性、运动战术的变化性、运动能力的多样性以及中枢神经系统的灵活性等一般特性提出的。通过变换运动负荷，可使机体产生与有关运动项目相匹配的适应性变化，从而提高承受专项比赛时不同运动负荷的能力。通过变换练习内容，可使运动员的不同运动素质、运动技术和运动战术得到系统训练和协调发展，使之具有更接近实际比赛需要的多种运动能力和实际应用的应变能力。

依变换的内容可将变换训练法分为三种，即负荷变换训练法、内容变换训练法和形式变换训练法。

（一）负荷变换训练法

负荷变换训练法是一种功能独特的重要训练方法，不仅适用于身体训练，也适用于技、战术训练。实践中，负荷的变换主要体现在负荷强度或负荷量的变换上。由于负荷强度与负荷量的变化具有四种不同的搭配形式，因此，负荷变换的训练方式是多种多样的，具体如下：

（1）负荷强度与负荷量均保持恒定的搭配形式。可使机体某一机能或素质产生适应，或者使某项运动技术形成稳定的动力定型。

（2）负荷强度恒定、负荷量变化的搭配形式。可通过量的提高，发展机体某一运动机能或运动素质耐力水平，或者通过量的减少，促使机体恢复。

（3）负荷强度变化、负荷量恒定的搭配形式。可通过提高强度，发展机体某一运动机能或运动素质工作强度，或通过降低强度，促使机体恢复，或学习、掌握某种高难技术。

（4）负荷强度与负荷量均有变化的搭配形式。可通过提高负荷强度、减少负荷量，发展机体某一机能或素质的工作强度或技术动作的难度和强度，或者通过降低负荷强度、提高负荷量，发展某一运动机能或素质水平，或者巩固基本技术。

负荷变换训练法的应用特点是降低负荷强度，可以利于学习和掌握运动技术；提高负荷强度及训练密度，可使机体适应比赛的需要。此外，负荷变换训练法可通过变换练习动作的负荷强度、练习次数、练习时间、练习质量、间歇时间、间歇方式及练习组数等变量方式，促进运动素质、能量代谢系统的发展与提高，能够满足专项运动的需要。可有效地促使机体适应实际比赛运动强度的变化转点，使运动员机体产生与实际比赛相符的生理适应，还可有效地缩短学习、掌握、巩固运动技术的过程。

（二）内容变换训练法

内容变换训练法是技能主导类运动项群中广泛应用的一种重要训练方法。内容变换训练法适用于技能主导类对抗性运动项群中各种技术串联的练习，或者某种单个基本技术的各种变化练习，或者基本技术组合的变换练习，或者某种战术打法中几种方案的变换练习，或者多种战术混合运用的变换练习，等等。该方法也适用于难美性运动项群的技术动作的组合练习。而对机能主导类运动项群，内容变换训练法较多应用于身体训练。

内容变换训练法的应用特点是练习内容的动作结构可为变异组合，也可为固定组合，练习的负荷性质符合专项特点，练习内容的变换顺序符合比赛的规律，练习动作的用力程度符合专项的要求。可使训练内容的变换节奏适应专项运动技术和战术变化的基本规律；使训练内容的变化种类适合运动技、战术应用的要求；使练习内容之间的变换符合实际比赛变化的需要，进而提高运动员比赛的应变能力。

（三）形式变换训练法

形式变换训练法的运用要反映在场地、线路、落点和方位等条件或环境的变换上。例如隔网类运动项群中的发球练习，在负荷、动作大致一致的情况下，可以发出各种不同直线、斜线、前排、后排的球；同场类运动项群中侧身带球技术的运用，在交叉换位的战术配合时，可以形成"掩护"或"反掩护"的不同战术形式。又如训练场所的变换，在时空感觉方面往往促使技能主导类运动项群的运动员对不同空间环境的比赛产生适应。因此，形式变换训练法在竞技运动的训练过程中具有广泛的应用价值。形式变换训练法的应用特点是：通过变换训练环境、变换训练组织、变换训练路径、变换训练时间和变换练习形式进行训练。通过变换训练形式，使各种技术更好地串联和衔接起来；对运动员产生新的刺激，激发起较高的训练情绪，进而促使神经系统处于良好的准备状态，促使运动员产生强烈的表现欲望，提高训练质量。

六、体能训练的比赛训练法

比赛训练法是指在训练条件下，根据教学的规律或原理、专项比赛的基本规则或部分规则，进行专项练习的训练方法。例如，运动队内部队员之间的对抗性教学比赛，不同运动队和运动员之间的邀请性教学比赛，不同训练程度运动员之间的让先性教学比赛，部分基本技术、战术的对抗性教学比赛等，都可视为是教学性比赛训练方法的应用。

比赛训练法的应用特点是可采用部分比赛规则进行局部配合的训练；比赛环境相对封闭，便于集中精力训练；比赛过程可以人为中断以便指导训练；运动员的心理压力小，利于正常发挥技术水平；可激发运动员的训练激情，提高运动负荷强度；系统提高运动技术衔接和串联的熟练程度；提高运动员在比赛条件下支配体能的能力；强化局部或整体的体能配合；协调发展不同训练程度运动员的竞技能力，激励运动员产生强烈的竞争意识，从而更好地挖掘运动员的潜力。[1]

第三节　体能训练计划及其制订与实施管理

体能训练计划的规范制订与实施，是教练员在运动训练过程中完成训练任务、实现训练目标的有效保证；是运动员在运动训练过程中稳定提高运动成绩、保持良好的身体心理状态的重要保障，贯穿于教练员和运动员的整个训练活动。

---

[1] 耿建华. 体能训练理论与方法［M］. 西安：陕西师范大学出版总社有限公司，2013.

一、体能训练计划

（一）体能训练计划的构成

体能训练计划的构成要素应包括以下方面：

1. 体能训练计划的训练内容

训练内容是运动员体能训练计划的重要组成部分。训练内容主要是针对运动员在比赛中所需要的力量、速度、耐力、灵敏度、柔韧性和协调能力等身体素质的训练方法和手段的选择。

任何一个运动项目对三大能量代谢系统和神经、骨骼、肌肉等系统都有着不同的要求，而且在完成运动项目时需要三大能量代谢系统协同进行能量供应。因此，在制订运动员的体能训练计划中的训练内容时，要了解运动员在其参加的运动项目的比赛中的活动方式，并据此选择合适的训练内容。体能训练计划应使训练的方法尽可能与运动项目相匹配，提高运动员专项需要的能量代谢能力，改善运动员的神经、骨骼、肌肉等系统功能。

2. 体能训练计划的训练时间

训练时间是运动员体能训练计划对训练的时间的具体安排，是科学安排体能训练的重要保证。训练时间的安排可以分为两类：①对总训练计划的时间安排，对月训练计划的时间安排，对周训练计划的时间安排，对日训练计划的时间安排，对课训练计划的时间安排等；②对训练项目的具体手段所规定的时间安排和各项目间的间歇时间安排。

3. 体能训练计划的训练强度

训练强度是训练中对运动员机体的外部刺激的强度，是体能训练计划中最关键的部分，它包括运动的密度、速度、重量及难度等因素。体能训练的主要过程就是通过对运动员施加训练负荷，使运动员产生生物适应性来完成的，而负荷主要就是由负荷强度和负荷量（负荷量由时间、频率等因素组成）构成，两者相互依存、相互影响，任何负荷的量都是以一定的强度为条件而存在的。

4. 体能训练计划的训练频率

训练频率是运动员在一次体能训练课中对一种训练内容的完成次数，对体能训练中训练负荷量的把握起着重要的作用。体能训练对训练频率有非常严格的要求，在具体的身体素质的训练过程中，频率是区分的一种重要手段。

（二）体能训练计划的意义

对于各类运动项目的运动员而言，优异的运动成绩都是经过日复一日的苦练才换来的，他们不仅具备了全面的技战术水平和过硬的心理素质，而且良好的体能也是其在比赛中正常发挥的重要保证。在各种比赛场上，运动员只有体能、技战术、心理素质都过硬才能取得好成绩。制订完善的运动员体能训练计划并加以系统化的实施是科学化训练的重要组成部分，通过合理的体能训练计划把体能训练融入整个训练计划之中，对培养高水平运动员具有重要意义。

（三）体能训练计划的特性

体能训练计划构成要素的多样性和体能训练在竞技体育中的重要性不断发展和提高，使体能训练计划呈现出以下特性：

1. 针对性

在把握住体能训练计划的全面性的同时，也要兼顾到个别项目的主要身体素质或个人身体素质优势，提高在项目中起主要作用的身体素质，高度发展运动员的突出身体素质。这种有针对性的体能训练能使其总体竞技能力在保持较高水平的同时，在其竞技能力中有爆发点。

2. 全面性

当前，竞技体育高度发展，运动员体能的高低已不再仅由单一或几个身体素质的高低来决定，而是由众多身体素质相互配合、协同作用决定的。为了全面提高运动员的竞技能力，必须全面拓展体能训练的范围，因此在制订体能训练计划时对各项身体素质要有科学化的具体要求。

3. 动态调整性

体能训练目标的实现不仅受到主观方面的影响,也受到许多客观方面的影响。这些影响包括以下内容:

(1)主观方面的影响。运动员身体条件,运动员参训态度的变化,教练员执教态度与理念。

(2)客观方面的影响。竞争对手的体能情况,竞赛规则的变化,竞赛场地、器材的特点,竞赛的时间安排等。

主客观条件的变化都会对体能训练目标产生影响。因此,制订体能训练计划应该及时、准确地把握各方面相关因素的变化,根据具体变化的情况对整个体能训练计划进行动态的微调整,以保证体能训练目标的实现。这就体现出动态调整性的关键作用。

4. 系统性

体能训练的各构成要素之间都存在着相互关系,为了保证运动员体能全面稳定增长,必须保证训练的系统性,无论是宏观的体能训练计划还是微观的体能训练计划,都应该体现出体能训练的系统性特征。

(四)体能训练计划的类型划分

体能训练计划按照针对的对象、任务及参训人数的不同可划分为以下三类:

(1)根据体能训练参加对象的具体现实情况划分为青少年体能训练计划、成人体能训练计划、高水平运动员体能训练计划以及老年人体能训练计划等。

(2)根据体能训练的训练任务和训练目标划分为健身体能训练计划、竞技体能训练计划、康复体能训练计划。

(3)根据体能训练参训人数划分为单人体能训练计划、双人体能训练计划、小组体能训练计划。

(五)体能训练计划的部分内容

在制订体能训练计划的过程中,每一份体能训练计划都应包括四个部分，即准备性部分、指导性部分、实施性部分和控制性部分。

1. 准备性部分内容

任何计划制订过程中的先期准备工作都是必不可少的。体能训练计划中的准备性部分制订得好坏直接关系到该体能训练计划能否顺利实施或达到体能训练所要达到的预期参训目的。

体能训练计划的准备性部分应该包括的内容有：参训运动员的现实体能状态调查诊断，体能指导教练员人选的确定，体能训练场所器材的安排，体能训练后勤生活与医疗的安排等。

2. 指导性部分内容

体能训练计划的目的是在体能教练员的指导下，按照既定的体能训练计划，使运动员体能由现实状态向目标状态有效转移，从而提高整体竞技能力。

体能训练计划的指导性部分应该包括的内容有：指导运动员科学合理地制订体能训练目标，根据运动员的具体特点划分体能训练阶段，对体能训练内容范围的划定，指导体能训练负荷动态变化的趋势。

3. 实施性部分内容

体能训练的实施性部分是体能训练计划最重要的组成部分，是具体对体能训练的内容、方法、手段、频率、时间、负荷强度等做出安排，是直接对运动员体能做出改变的部分。它的制订与实施，直接关系着运动员体能的变化，因此，实施性部分是体能训练计划中最重要的构成部分。

体能训练计划的实施性部分应该包括的内容有确定体能训练实施的具体训练内容，选择最有利的体能训练方法和手段及训练时间和频率，确定各体能训练手段和练习的具体负荷强度，保证运动员体能训练后的营养和恢复及训练效果监测，开展运动员激励性的思想教育。

4. 控制性部分内容

体能训练与"控制论"有关。在体能训练中，教练运用从运动员训练的各个过程中采集到的大量信息，对体能训练的过程、训练的对象及运动员体能的发展等不同系统实施着程度不同的控制。教练员通过观察、询问和检测等手段了解体能训练的效果和存在的问题，找出产生这些问题的原因，对原体能训练计划进行补充与调整，然后按调整后的新体能训练计划继续指导体能训练。

体能训练计划的控制性部分应该包括的内容有：根据观察、询问及检测对体能训练计划的实施过程进行评价，对体能训练计划的训练目标、内容、强度等进行补充和调整，与技战术训练、心理智能训练有机结合。

二、体能训练计划的制订

（一）体能训练计划制订的程序

1. 运动员入训体能状态诊断

运动员入训时的体能状态的诊断，主要通过填写调查问卷和实际测量两种形式进行，调查问卷询问的内容包括身高、体重、围度、体能训练经历等；实际测量是通过各种测量评定手段对运动员的身体素质进行全面测量，如测量力量素质的肌肉等测试练习、测量速度的短距离跑测试练习、测量耐力素质的12min跑测试练习等。

2. 确定教练员人选

负责体能训练的体能指导教练员应该根据训练的目的、内容、方法等科学地进行选择，同时针对运动员的不同需要适度进行双向选择，以调动运动员参训的积极性和可控制性。

3. 制订体能训练目标

体能训练目标是对体能训练所产生的预期结果的规划，对激励运动员的参训积极性、提高教练员的指导方向性和规范训练计划微调的波动性有重要的作用。因此，科学合理地制订体能训练目标的重要性尤为突出。在制订时要充分考虑运动员的入训状态、潜能深度等，按周、月层层制订，及时调整，确保目标完成起来必须付出一定程度的努力，同时也要确保通过自身努力就可以完成，以保证运动员参训的积极性。

4. 指导体能训练负荷动态变化

体能训练负荷应当呈现出动态上升的趋势，才能保证体能训练的效果和预定训练目标的完成。体能训练过程中体能值逐渐降低，但随着恢复休息又会逐渐升高，超过原有的最高体能值，之后在波动中恢复到原有体能值，因此，应该在体能第一次恢复到最高体能值时进行第二次体能训练，以确保最高体能值呈现出动态上升的趋势。

由于体能训练的动态变化的不恒定性，练习强度安排就要根据体能的变化而定。在大强度训练的初期，机体需要经过一段时间才能适应。对比练习前后心率来判定训练强度和机体适应能力是最简单有效的方法。不仅如此，填写训练日记，并在训练中记录心率、跑动距离以及强度对判定训练强度也非常有益。这样，运动员也可以观察到训练后的进展程度，并评估哪种训练计划适合自己。在训练中，超负荷频率是由练习强度和练习的持续时间决定的，教练员要合理安排才能达到最佳训练效果。

5. 确定体能训练实施内容

在体能训练中，身体素质训练是最主要的训练部分。身体素质训练根据运动员专项运动的需要对力量、耐力、速度等的要求也不尽相同，所以，在训练内容的选择上应该做到全面性与针对性相统一，切实保证运动员的竞技体能得到有效提高。同时，在训练内容的选择上应尽量和专项运动相结合，充分提高体能训练的性价比。

6. 选择有利的体能训练方法和手段

有效的训练方法和手段与适量的训练负荷是体能训练计划的重要组成部分。有效的方法和手段是针对训练内容的具体实施，而适量的负荷会使运动员机体产生良性的刺激，促使机体的生理机能和运动素质得到明显改善，并不断产生运动素质累加的痕迹效应。

在运动训练过程中，机体在负荷下存在着适应性与劣变性。负荷的适度增加，能够带来运动竞技水平的显著提高。机体的劣变现象是指当负荷超过了一定的范围，超出了运动员的最大承受能力时，运动员的机体便会产生劣变现象。

综上所述，体能与训练中的运动负荷有密切的关系，只有适度的运动负荷才能维持和提高运动员的体能水平，过高过低的训练负荷都会对运动员的体能产生不良的影响。

7. 对体能训练计划实施进行评价及调整

体能训练计划的实施不是一成不变的，通过评价和调整可以帮助教练员准确地把握训练的实施过程和训练目标的实现。通过测量评定训练效果的好坏，对训练中得到的信息进行客观准确的分析，以便对体能训练计划的内容、方法、负荷等做出调整，使训练计划的制订与实施更加科学合理。

（二）体能训练计划制订的原则

原则是人们对客观规律认识的反映，体能训练计划在制订的过程中也必须遵循一定的客观规律和要求，这对制订体能训练计划具有普遍的指导意义。制订体能训练计划的过程中必须遵循的原则如下：

1. 全面安全系统原则

为了提高运动员的竞技能力，需要全面提高运动员的体能。运动员体能训练计划的制订要尽可能全面详尽，同时针对运动员的体能弱项要加大训练力度，对强项要尽可能地保持其高水平状态。有计划训练的目的就是要避免过度训练和无序训练造成的运动员过度疲劳、心理抵触、身体伤病等训练负面影响，从而提高体能训练的安全性。

由于人体的体能存在着生物适应的长期性和不稳定性，所以，在制订体能训练计划时，要充分考虑训练的系统周期性。体能训练计划中的各构成要素之间的密切联系，要求在制订时必须全面安全系统地考虑训练计划的内容及具体实施程序。

2. 科学合理有效原则

在运动员的体能训练计划制订过程中要注重科学性原则，即制订计划时要以训练学的相关理论和研究成果为依据，遵循运动员所参与的竞赛项目的规则要求；合理性原则，即以运动员的实际身体状况为前提；有效性原则，即以训练目标和竞赛需要为前提，恰当选择训练的内容、频率等。

体能训练计划制订的科学合理有效原则也要使体能训练、技术训练、战术训练、心理训练等能有机地结合，相辅相成，选择与技战术训练、心智训练紧密结合的体能训练内容，使体能训练贯穿整个完整的训练计划，保证体能训练计划能科学合理有效地开展。

3. 因人而异原则

运动员之间都有一些相似的特点，但又有各自的个性特点。因此，在各类体能训练计划的制订过程中都要充分考虑不同运动员的个体差异性，针对不同运动员在体能素质上的不同表现和要求，区别对待，体现出因人而异的原则，使体能训练计划在执行时具有一定的灵活性和针对性，最大限度地利用个人特点，提高体能训练的效果。

在制订双人和小组的体能训练计划时，因人而异原则尤为突出。在集体训练中，每个运动员的特点都不同，各有优势与不足，各有不同的心理思想和情绪，因此，在制订具体的体能训练计划时也必然会针对每个运动员有不同的训练内容和强度。在同一个体能教练组内，有的可能需要着力发展手臂的爆发力量，有的则需要发展下肢的弹跳力量。这就要求人们在制订体能训练计划时要注意因人而异的原则。

4. 与运动员训练计划有机结合的原则

运动员竞技能力中的体能、技能、战术、心理、智能等构成因素是相互依存、相互影响的，因此在制订训练计划的时候要充分考虑各个训练计划之间的有机结合。体能训练计划的内容选择上更要注重有利于运动员运动技能提高的训练方法和手段，频率和强度上的变化可以在一定程度上提高运动员吃苦耐劳的优秀品质。把体能训练计划和技战术训练计划有机结合，并与运动员整个训练计划有机结合，其综合效能会在竞技能力的提高上如实展现出来。

三、体能训练计划实施管理

（一）体能训练计划实施程序

在体能训练计划的实施程序中，应该设计一个明确的实施内容顺序、时间进度，采取切实可行的体能训练方法贯彻运动员的体能训练全程。在开始制订体能训练计划时，需要了解参训运动员上一年度、季度、月份乃至前一周的体能状况和运动成绩，同时通过访谈、问卷调查及测量评定全面掌握运动员的实际体能状况，为训练计划目标任务的制订做好准备。

在体能训练计划内容制订上，要将具体训练与其他训练计划相结合，方法负荷要根据体能的科学性的适应变化规律和运动员的实际情况来确定，并通过及时评定的训练效果进行调整。总体上还应注意每一次体能训练课的安排，每一周体能训练课的衔接，每一月体能训练课的综合考评及微调整等。

（二）体能训练计划实施的注意问题

1. 重视体能训练的组织形式

体能训练的组织形式主要依据体能训练的基本规律、训练计划大纲要求、参训对象的实际情况及训练的具体条件而定。科学的体能训练形式对提高体能训练的效率、调动体能训练对象的积极性、增强体能训练的效果等都起着十分重要的作用。

2. 重视体能训练计划的可控性

大量运动计划实例和科学研究都表明，即使制订再详细、再周全、再严密的训练计划，在组织实施的过程中也难免会因为各种原因而要进行局部的或者全部的调整。所以在体能训练实施的过程中要注意出现的各种情况，并及时地对由此获得的信息做出准确、客观、有效的检测评定，将这种信息与预定的训练计划目标要求进行对比分析，并据此对体能训练计划进行必要和有效的调整，以保证运动员体能顺利地由现实状态向目标状态有效转移，从而完成体能训练计划的预定目标，这是体能训练计划的重要组成部分之一。与此同时，体能训练计划的控制性部分对预防体能训练造成的运动伤病和抵触心理的产生有重要的意义。

3. 重视体能训练阶段性与系统连续性

一个完整体能训练的最小单位是由一节体能训练课和课后恢复组成的，它是一个体能训练小周期。无论是怎样的体能训练计划，都是由若干个这样的体能训练小周期组合而成，因此，人们往往只注重体能训练过程的阶段性而忽略体能训练的系统连续性。每个体能训练小周期内，都是在体能训练课开始时体能开始下降，到体能训练课结束时达到最低点，随后在恢复的时间内逐渐提高，然后在出现的超量恢复结束后开始下降，恢复到原有水平。所以，下次体能训练小周期的开始时间应该在上次体能训练产生的超量恢复的最高点上。这样，每次体能变化的最高点连接起来，就会看到，其间明显含有规律性的变化：连线出现逐渐增高的趋势，这就使每个体能训练小周期有机地结合起来。因此，重视体能训练的系统周期连续性对完成训练任务有重要的意义。

4. 体能训练要与技术、战术、心理、智能有机结合

体能训练的最终目标是提高运动员的竞技能力，而竞技能力的提高要依靠体能、技术、战术、心理和智能的协调发挥，缺一不可，因此，体能训练与其他训练的有机结合，体能训练在训练过程中的分配比重与一般体能训练和专项体能训练的比例安排尤显重要。

在与其他训练的有机结合中应注重的是在体能训练的过程中融入技战术训练，即在选择体能训练的内容时要和专项技术动作的形式相关联，选择的训练方法要与技术动作的生物力学特征相近似。体能训练在总训练中的比重安排和专项体能训练在体能训练中的比重安排的确定，是根据具体的训练目标、条件、对象的实际情况来完成的，它从侧面体现出体能训练与其他训练的结合程度。

5. 重视体能训练过程的思想工作

体能训练的过程是对人体产生外部刺激的过程，刺激强度的大小直接影响着体能的变化，同时，体能训练的手段往往是单调、枯燥和重复的，因

此，参加体能训练的运动员会感到非常疲劳，这就要求在体能训练中要加强运动员的思想工作，提高他们对体能训练重要性的认识，培养他们吃苦耐劳的意志品质，这也是和心理训练有机结合的重要体现。

与此同时，体能教练员在体能训练方法的选择中可以适当使用比赛训练法，这样可以提高运动员的训练热情，减少其对训练的枯燥感和抵触心理，但是在此过程中要把握度，避免运动员训练过度和伤病的产生。

第四章 体能训练的内容及其训练方法

体能训练的内容应当根据各个项目的竞赛需求和提高运动员的运动素质来组织。本章重点探讨身体形态与身体机能训练、力量素质与速度素质训练、耐力素质与柔韧素质训练以及不同竞技项目的体能训练。

第一节 身体形态与身体机能训练

一、身体形态训练

身体形态是指人体外部与内部的形态特征。反映外部形态特征的指标有高度（身高、坐高、足弓高等）、长度（腿长、臂长、手长、头长、颈长、足长）、围度（胸围、臂围、腿围、腰围、臀围等）、宽度（头宽、肩宽、髋宽）和充实度（体重、皮脂厚度等）等。反映内部形态的指标有心脏纵横径、肌肉的形状与横断面等。

环境（自然环境、地理环境）和遗传等因素对身体形态有很大影响。例如，人体形态特征服从于伯尔格曼和阿尔林气候法则，即在恒温动物范围内，人类身体尺寸通常随环境气温的降低而增加。这就是为什么生活在低纬度环境中的人通常具有体重小，四肢长，肩、髋狭窄的体形特征；在高纬度环境中生活的人具有胸廓、骨架发达，躯干长，四肢短的体形特点；而久居高原、高山地区生活的人，其体形特征则是胸廓外形和骨骼长度相对增加，主要生理特征为肺活量大，血液中氧饱和度增加。不同地区人体形态的变化表明，人的身体形态结构特点在很大程度上依附于自然环境和地理环境。此外，就遗传因素而言，身高的遗传力男子为0.79，女子为0.95；而体重的遗传力男子只有0.50，女子只有0.42。

（一）身体形态的意义与训练方法

1. 身体形态的意义

（1）身体形态与运动成绩有密切联系，不同的运动项目对身体形态有不同的要求，而遗传和环境等对身体形态起着重要的决定作用。因此，选材时应从遗传等多因素出发，把具有优越身体形态条件的儿童少年挑选出来。

（2）身体形态在一定程度上反映着相应的生长发育水平、身体机能水平和竞技水平，身体形态在一定程度上影响着运动素质的发展。因此，应采用系统科学的方法对运动员的身体形态进行训练，以适应创造优异专项成绩的需要。

（3）身体形态的改善在一定程度上影响着运动素质的发展。

2. 身体形态的训练方法

身体形态训练的主要途径是运动员的身体训练和专项训练，具体如下：

（1）科学、系统而又适合专项需要的各种身体训练方法对身体形态都有积极影响。根据需要运用相应的身体训练方法，可以对运动员的身体形态产生最佳影响，有利于创造优异的专项运动成绩。

（2）任何科学合理的专项训练手段对促使身体形态向专项需要的方向发展都有显著和积极的促进作用，几乎所有项目运动员的身体形态训练都是通过专项训练手段和专项训练方法实现的。因此，专项训练是改善和提高身体形态的重要内容。

（3）其他一些特定的形体训练手段，如舞蹈、芭蕾、健身操、持轻器械体操等对提高运动员的协调能力、节奏感以及形成良好的运动姿态和身体姿势有积极意义。

（二）身体形态的训练要求

1. 注意遗传因素的影响

在运动员身体形态各项指标中，有的指标遗传度很高（如高度、长度和宽度指标），有的指标遗传度较低（如体重等充实度指标）。因此在选材时，应重视高度、长度和宽度等形态指标，而与肌肉有关的体重等充实度指标则应更多地依靠后天训练加以改善和提高。

2. 根据项目特点安排身体形态训练

由于各个专项竞技能力的主导因素不同，而这些专项竞技能力又都对特定的身体形态具有一定的依赖性，因此，必须根据专项的需要及其对竞技能力的需求特点，安排相应的身体形态练习方法与手段。

3. 根据生长发育的形态特征安排身体形态训练

人体在不同年龄阶段的生长发育有不同的特征，一般是先长高度，后长宽度、围度和充实度。心脏发育过程中先加大心脏容量，后增厚心壁肌肉。与其相应的竞技能力发展的敏感期亦有不同，身体形态训练应与之相适应，而不可颠倒。

（三）改善身体形态的方法

影响身体形态的因素很多，如遗传、环境（自然环境、地理环境）、生活习惯、饮食等都会在一定程度决定或影响运动员的身体形态，因此，身体形态的训练不能只从训练的角度出发，也应注意其他手段的综合运用。例如，技能主导类表现难美性项目体操、艺术体操、花样滑冰、跳水、健美操等对运动员体形和相对力量等都有很高要求；而摔跤、拳击、举重、散打、跆拳道等按体重分级的项目除了大级别外，对体重均有限制，对相对力量水平等体能素质也有很高要求。因此，需要注意饮食和营养的控制，养成良好的饮食和生活习惯。

二、身体机能训练

良好的身体机能是达到高水平体能的重要基础，身体机能水平也是体能训练涉及的重要内容之一。身体机能是指运动员有机体各器官系统的功能。它是身体活动能力的基础，某一机能水平直接影响着运动时所需要的某一方面的能力。人体生理机能包括中枢神经系统、心血管系统、呼吸系统、消化系统、生殖系统、内分泌系统、物质和能量代谢、感官、体温等。运动训练中经常涉及的身体机能指标主要有心血管系统中的心率、血压、血红蛋白、心血管系统运动负荷（哈佛台阶试验）、心电图；呼吸系统中的肺活量、呼吸频率、最大摄氧量；肌肉结构中的肌纤维数量、长度、类型；感官功能中的视觉、听觉、平衡机能；高级神经活动类型，血睾酮等。

人的一切正常身体机能都是有遗传，同时又有变异。血型、血红蛋白、红白肌纤维比例等就表现出遗传特征。神经类型也有强烈的遗传基础，且表现出一种显性遗传。其他如最高心率、最大吸氧量血乳酸系统、磷酸盐系统等也主要受遗传影响。

（一）身体机能的意义

（1）身体机能的许多指标具有强烈的遗传特征，因此必须从遗传学角度选择身体机能突出的儿童少年，这是运动员选材的一个重要方面。

（2）身体机能的某些指标又是有变异的（如肺活量的遗传性较小，后天训练改变的幅度大），因此应该采用科学的训练方法，提高运动员身体机能，为达到高水平成绩奠定基础。

（3）某一机能水平直接影响着运动时所需要的某一方面能力。例如，体能主导类耐力性项目需要突出的心血管和呼吸系统功能；体能主导类速度力量项目需要突出的神经系统、骨骼肌肉系统、心血管系统功能；技能主导类表现难美性项目需要良好的心血管系统、神经系统和视觉、听觉等感官系统功能；技能主导类表现准确性项目对中枢神经系统以及高级神经活动类型功能要求很高；技能主导类同场对抗项目对中枢神经系统、心血管系统、呼吸系统、高级神经活动类型等均有很高要求。系统论的观点认为，人体是一个完整系统，各器官系统功能都是相互制约、相互影响的，因此必须全面发展和提高身体机能，以适应高水平运动训练的需要。

（二）身体机能的训练评定

1. 身体机能的训练

良好的身体机能是达到高水平运动成绩的先决条件。身体机能的许多指标既由遗传决定，也受环境影响，同时又有变异性，因此需要采用系统、科学的方法提高身体机能。身体机能的训练主要通过身体训练及专项训练的途径去实现。科学合理的体能训练及专项训练可以有效地提高运动员的身体机能；同时，运动员身体机能水平的提高又能有效地促进体能训练水平和专项成绩的提高。

2. 身体机能评定

当前关于运动员身体机能状态监控的方法可分为三类，具体如下：

（1）通过教练员观察或运动员自身的主观评价，如自我感觉运动强度表（RPE）。这类方法主观因素较多，仅能定性判断身体状况，不能对训练后的身体机能状态做出客观、准确的评价，因此不能对运动训练进行科学指导。

（2）通过运动负荷试验，根据运动员身体机能的变化评价机能状态。常用的方法有台阶试验和Cooper试验等。这类方法只能对某一时刻的机能评估起作用，而不能对机能状态进行动态变化趋势的评估。此外，运动员在一段时间的运动训练后再进行负荷试验，使身体承受额外的负荷，会加重运动员的疲劳程度，也不能准确反映运动员一定运动训练后的身体机能状态。

（3）运用血液生理生化指标，通过定量的方法评价运动员的身体状况。运动员的身体机能状况对科学安排训练负荷至关重要，运动员只有在承受了足够大的负荷和强度的训练，机体处于最大应激状态时，才能有效地提高运动能力。

当前，体育科研工作者经过辛勤研究和实践，推出的行之有效的实用生理生化指标不断增多，监测机能的范围逐渐扩大，评定水平和自动化操作程度越来越高，测试过程和测定结果的反馈速度也不断加快。

测定各种运动场合下心率、血压及血、尿、汗、唾液的某些生化成分，可以间接地揭示人体运动时能量代谢特点和规律，反映运动肌的能量平衡、内环境酸化、水盐平衡、神经体液调节、组织损伤免疫机能、营养状况等，是运动员机能评定中的重要内容。例如，测定24h尿肌酐排泄量，以评定骨骼肌质量和磷酸肌酸含量；测定固定负荷的亚极限运动致力竭的时间，以比较不同个体糖原储量的多少；测定耐力运动中血液、汗、尿的尿素变化，以评定蛋白质和氨基酸的供能比值；测定长时间运动时血、汗中电解质含量的变化，结合运动成绩，展现出脱水对运动机能的抑制作用，为运动员合理补水、补电解质提供可靠的依据。

已被训练实际广泛接受和采纳的心率、血压等生理指标和血糖、血乳酸、尿素氮、血红蛋白等血液生化指标，以及简便可行的尿蛋白、尿胆原、尿肌酐等尿液生化指标，为运动员提供大运动量训练期间的运动机能、训练负荷、营养状况、疲劳与恢复等方面的反馈信息。血、尿、汗、唾液取样方便，无损伤或损伤少，易被运动员接受，且测定简易、快速，便于在运动中反复测定。[①]

第二节　力量素质与速度素质训练

一、力量素质训练

从传统的角度出发，力量被理解为是一种素质和从事各类运动项目的基础。随着运动训练实践与理论的发展，人们对"力量素质"已产生了新的认识，并对其所包含的内容赋予了新的含义。

当前，国际运动训练理论界认为，把力量看作是一种单一的素质是不确切的，它应是一种能力的表现。因为竞技运动中所阐述的"力量"的内容组成并不是单一的、不可分割的，而是几种素质的综合。按传统的分类，力

---

① 王宇，刘立. 运动员身体形态与机能评价指标在课堂教学过程中应用［J］. 继续教育研究，2015，（2）：133-135.

量在竞技体育各个项目中可分为绝对力量（最大力量）、速度力量和力量耐力。其中，后两种就是几种不同素质综合在一起的能力的表现。力量即人体或身体的某一部分克服阻力的能力。这种解释仅适合于单纯性力量，对速度力量及力量耐力的解释并不确切，因为这个定义并没有包含这两种能力。

（一）力量的分类

1. 单纯性力量

单纯性力量是人体或身体某一部分克服阻力的能力。最大力量应是指运动员尽自己最大努力，克服最大阻力时所表现出来的能力。

在多数需要克服器械及人体重力性阻力的竞技项目中，如田径项目中的投掷、跳跃类项目，器械及由人体重力产生的最大阻力是恒定的。从机械力学原理可知，作用力与反作用力是一对大小相等、方向相反、具有同一作用点的力。因此，运动员所需要克服的阻力与此相等。如女子铅球为4kg，运动员在投掷时，她需要支承器械的重力性阻力就是由4kg铅球产生的阻力，这种阻力并不可能因运动而增减。器械及人体所产生的距离或高度则并非由单纯性力量决定，而由速度力量决定。

2. 速度力量

速度力量是指运动员在克服一定阻力时，使器械或人体产生可能的位移，它是肌肉加速度能力的表现。实际上，速度力量只是运动员在克服一定阻力时表现出来的加速度能力。它的大小与克服阻力的那部分肢体的运动速度有关。速度力量实际上就是运动员在特定的负荷条件下所表现出来的最大动作速度。所以，速度力量的训练本质是动作速度的训练。速度力量也只能用特定的指数来表示，可用如下公式计算：

$$速度力量 = \frac{可能达到的最大速度}{达到上述速度所花费的时间（s）} \quad （公式4-1）$$

3. 力量耐力

力量耐力的表现形式是在一定阻力的情况下，运动员可能工作的时间长短，即运动员在一定阻力情况下克服疲劳的能力。因此，力量耐力应是运动员耐力的表现，它与运动员单纯性力量的大小没有必然的正相关。如某一个运动员最大力量为100kg，另一个运动员最大力量为50kg，如器械质量为3kg，那么谁工作时间长，就不能肯定；如器械质量为35kg，当然可以肯定前者的工作时间长。换言之，运动员单纯性力量的大小，在克服某种阻力时，并不决定其工作时间的长短。

这些分析将帮助人们正确地理解力量的定义。应该区分不同运动项目的需要而进行力量的训练，不加区分地把力量认为是所有项目的基础，盲目地做普遍性的力量训练则会浪费时间和精力。例如，如果有些周期性项目的成绩并不取决于最大力量的大小，则就不需要无限制地进行单纯性力量的训练。有些项目，如与流体力学特性相关的划船、自行车、游泳等项目，这类比赛项目中阻力的产生与速度的平方成正比，阻力是随速度的增长而不断增大的，因此必须考虑"各种形式力量"的训练。

（二）力量能力的影响因素

1. 中枢神经系统发放冲动的强度与频率因素

中枢神经系统的机能状态与力量能力有密切的关系：一方面，神经系统可以调动参与工作的肌肉的数量；另一方面，脊髓前角的运动神经元对肌肉发放冲动的强度大、频率高，则肌肉收缩速度也加快，从而产生的力量就大。冲动频率在最大用力量可由每min5~6次达到45~50次。

2. 肌肉组织的形态结构因素

（1）肌纤维的类型。肌肉力量的大小取决于不同类型肌纤维的百分比。肌肉纤维类型分为红肌纤维（慢肌纤维）、白肌纤维（快肌纤维）和中间纤维。白肌纤维无氧代谢能力比红肌纤维大得多，所以力量的大小主要由白肌纤维决定。白肌纤维百分比高，力量则大。

（2）肌肉的生理横断面。肌肉的绝对肌力由参与收缩的肌纤维数量和粗细决定。肌肉的生理横断面为该肌肉所有肌纤维横截面的总和。每根肌纤维的横截面增粗，则肌肉的生理横截面增大，收缩力量就相应增大。

（3）肌肉内肌纤维的数量。肌肉内肌纤维的数量多，则收缩力量大。

关于肌肉内肌纤维的数量目前存在着两种不同的意见：一是人在出生后4~5个月，肌肉内纤维的数量就已确定；二是训练后导致肌肉肥大，除肌纤维增粗外，还由于肌纤维的纵向分裂，造成肌纤维数量增多。训练后是否会使肌肉纤维增多，尚未有定论。

（4）肌纤维的支撑附着面。肌肉内结缔组织增多、肌腱和韧带组织增粗都会改变肌肉的附着面大小，也就直接影响到肌肉的收缩力量。

（5）肌肉纤维的长度。个人的力量大小取决于肌肉的体积。肌肉体积的发展潜力又主要取决于个人的肌肉长度（指肌肉两头肌腱之间的长度）。肌肉的长度是遗传的，不受后天训练的影响。

3. 肌肉的反应特性因素

（1）肌肉在工作时，肌肉的内协调能力的好坏决定能否调动更多的运动单位参加工作。动员参加动作的运动单位数量越多，力量越大；反之，力量越小。肌肉内协调能力受中枢神经系统的支配，表现为肌肉内部对中枢神经传入的冲动所产生的反应能力。

（2）肌肉工作时，营养系统的供能状况为：肌肉工作时营养的供应直接影响到肌肉力量的发挥。力量与肌肉中储备的能量物质多少有关。在肌肉发挥力量的工作过程中，有机体经过肾上腺交感神经系统来实现中枢神经系统的营养供给。而在较长时间的工作进程中，营养系统的工作还依赖于有氧代谢能力。有氧代谢能力强，肌肉工作时产生的代谢产物就能被及时消除，从而使肌肉更好地工作。

（3）肌肉内感受器对中枢神经系统的影响为肌肉的两个重要感受器是肌梭和腱梭。当肌梭伸长时，感觉神经就会产生冲动，并传向中枢神经系统，然后通过运动神经将冲动送回到肌肉，恰当地引起一定量的运动单位收缩，以完成协调适中的活动。负荷越重，肌肉拉得越长，动员的运动单位数量就越多。肌腱中有牵张感受器，当肌肉收缩的时候，位于肌腱中的腱梭被拉长，从而把收缩的信息送到中枢神经系统。如果收缩太强烈，而有可能伤及肌肉时，中枢就会传出信息，命令肌肉放松。这一反射不但能防止受伤，并且能报告肌肉的活动情况，使肌梭有效地协调运动。力量的表现还与其他因素有关，如肌肉完成动作时的工作条件、解剖学结构的影响等。

（三）最大力量的发展途径

最大力量的发展可采用两种方法，这两种方法都能取得相同的效果，但它们使这个素质增长的机制却不相同，具体如下：

（1）依靠改善肌肉内协调和肌间协调增加力量。依靠肌肉内协调和肌间协调的改善来提高肌肉的力量不会使肌肉的体积增大，因而对周期性项目运动员来说，具有决定性的意义。

（2）依靠肌肉体积的增大而使力量增长。其原理是通过有组织的训练，使练习完成后紧接着产生的超量恢复过程中工作肌的蛋白质剧烈地分解。因而，依靠肌肉横断面的增大，调整神经系统中保证肌肉内协调和肌间协调条件反射联系的完善，使力量得到发展。

在游泳、赛跑、滑雪、划船和一些专项训练中常常用这两种方法来发展最大力量。但是，依靠改善肌肉内协调和肌间协调增加力量的方法用得较多，特别是在中、长距离赛跑项目运动员的训练中，因为它不会增加身体的质量。可是，依靠改善肌肉内协调和肌间协调所发展的力量，尽管力量增长得很快，但也容易消退。短跑运动员同样可以采用这两种方法来发展最大力量。

（四）力量训练安排负荷的注意事项

（1）不同重量负荷先后次序安排所起的训练效果。就总体而言，要发展最大力量，负重的安排应遵循由重到轻的顺序。如训练课中既有次极限重量的练习，也有非极限重量而重复到极限次数的练习时，首先应完成次极限重量的练习。

（2）要保证在较好状态下完成本次练习的主要重量。例如，该次练习主要是发展肌肉的内协调能力，那么就应该安排能促使这一能力发展的重量作为主要负荷，而且必须在有机体较好状态下来完成它。

（3）要把起总体作用的练习与起相对局部作用的专门性练习相结合。

要把对大肌肉群的练习,即在总体作用中起主要作用的用力练习放在所有练习的前面,如加强腹肌和腰部肌肉的练习,这样可使大肌肉群在不太疲劳的情况下得到锻炼,效果较好。同时,由于采用少量的起总体作用的练习后,中枢神经系统产生兴奋,再做专门性的练习将使兴奋能更有选择地集中,有助于提高局部练习的效果。

(4)从事各种不同重量练习之后要有合理的间歇时间,以保证下一次练习的进行。当采用极限用力的50%以上负荷重量练习时,重复练习之间的休息间歇通常为2~3.5min,极限用力需10~15min。在进行同等重量的多次练习时,可以把多次练习分组进行,延长组间休息时间。在安排不同重量的练习时,可把较小重量穿插在大重量后进行,这样既利于恢复,又可保持神经系统的兴奋性。

(5)在开始完成大重量的练习前,应当适当地安排几次略轻的适应性练习,这样做可使有机体对大重量的练习有相应的适应过程,既可使神经系统处于良好的兴奋状态,又可防止伤害事故的发生。不过,适应性练习只能使其起准备活动的作用,不宜引起有机体的疲劳。

(6)采用两次重复法和重量波浪式交替法进行最大负荷练习。在采用最大负荷练习时,尽管多次练习之间的休息时间较长,但疲劳的产生相对来说还是较快的。这时为了增加负荷量,可采用两次重复法和重量波浪式交替法。

两次重复法,即把在训练课中所要完成的练习放在课的基本部分开始阶段和基本部分的结束阶段。这样既可使第一次练习时的效果有良好的保证,并通过两次练习之间安排的其他性质内容的练习得到调整、恢复,又不使其产生疲劳,使第二次练习亦可获得一定的效果。

重量波浪式交替法,即在完成若干次主要重量的练习后,当开始出现疲劳时,便减轻10~15kg,做1~2组,然后又采用主要的重量。减轻重量的练习可作为一种积极性休息,同时又可改进动作技术。

（五）最大力量的负荷组成要求

1. 阻力大小

在发展最大力量时，应当用相当大的负重量，即需要用该练习中所能达到的极限重量的70%~90%的重量。但同时应当考虑到，虽然这个重量可以促使肌肉内协调提高、肌肉体积增大，但对改善肌间协调的效果不大。所能达到的极限重量的40%~60%的重量，以及接近于比赛用的重量可以用来改善肌间协调。因此，在不增加肌肉体积而发展最大力量时，负重大小的范围应较广泛，这样可以综合利用各部分重量来提高速度力量素质。

在发展最大力量时，用最大负重量是不合理的。其原因包括：①用在一次练习中只能重复1~2次的重量，练习的效果要比在一次练习中可重复8~12次的效果小；②最大负重常常导致伤害发生。

2. 肌肉工作方式

肌肉工作的方式主要以克制性和退让性相结合的动力性工作方式为主，要严格规定这两者的时间比例。做克制性动作的时间约为做退让性动作时间的1/2。

等动练习也是有效的手段，不过它们的量不应该超出发展最大力量的工作总量的20%~30%。在力量训练过程中也可以采用静力性练习，但它们的数量不应该超出力量训练总量的10%。

3. 完成一组练习的时间

力量练习中一组练习的重复次数是由所完成练习的附加重量起的作用决定的。如果练习的目的是要改善肌肉内协调，则其重复次数通常为2~6次。如果重量较小（为最大负重量的30%~60%），并且是为了改善肌间协调，则重复次数可以达15~20次。

在采用专项训练练习时，通常练习在形式和动作的协调性结构上均接近于比赛练习，那么它们的持续时间在5~30s（上坡跑、拴住船艇划船、拖带制动装置游泳等）。采用静力方式练习时，高级运动员一次练习的时间为5~12s，青少年运动员为5~8s。

依靠肌肉体积的增大来提高力量时,最好是采用30~60s重复8~12次的练习。换言之,每个动作大约可用4~6s。这样长的工作时间可以完成许多足够大的负重练习(最大重量的80%~90%的重量)。这样,一方面可以刺激最大力量的增长;另一方面也可以使相当多的肌纤维参与工作。其原因是,在完成任何一个力量练习时,做第一次时参与工作的肌纤维数量最少,而在最后一次时先参与工作的肌纤维能力自然下降,原先未参与工作的那些肌纤维将会补偿它们。

4. 完成练习速度

如果依靠改善肌肉内协调和肌间协调来提高力量,那么中等的动作速度为最好。此时每个动作可为1.5~2.5s。如用增加肌肉体积来提高最大力量水平,则动作速度应低些,每个动作可为4~6s。同时,动作的克制性部分的时间应比退让性部分的时间少一半。

动作速度很高,效果却很小,其原因包括:①最大力量或次最大力量只在动作的很少一部分时间内出现(在开始或结束),而在动作的其他阶段内,肌肉由于上一阶段所产生的惯性并没有获得应有的负荷;②在高速度中要表现出最大力量,此时,要让神经过程表现出最佳的协调性是比较困难的;③高速度的动作与高的伤害发生率联系在一起。

5. 在一次课中的重复数量

发展最大力量能力的练习的量变动范围很广。量的变动根据练习的性质和发展最大力量的方法而定。如果练习动员了大量的肌肉参与工作,则这种练习的数量不大,每一次课为10~15组。做这类有大量肌肉参与工作的练习,如不是让肌肉体积增大来发展最大力量的话,可做到40~50min;而依靠肌肉体积增大来发展最大力量的话,则安排在30min以内。如果是陆上的局部性练习,它们的数量可达20组。

6. 组间间歇时间和性质

在不增大肌肉体积而发展最大力量时,组间间歇的时间必须保证下一次练习在工作能力已得到恢复的条件下进行。因而,间歇时间要根据练习的时间长短和采用的负重大小来决定。工作时间越长或者负重量越大，间歇时间就越长。此外，参与工作的肌肉多少也影响间歇时间。起局部作用的练习之间的间歇时间自然要比在较大部位起作用的练习之间的间歇时间短，起总体作用的练习之间的间歇更长。由此可知，间歇时间的波动范围是很大的。

可根据心跳频率合理地确定间歇时间，因为心跳频率的恢复与工作能力的恢复大致是同时的。因此，心跳频率恢复到工作前的水平就是新练习的开始信号。组间间歇内应当做小强度的工作，放松练习、自我调整恢复。

依靠增大肌肉体积来发展最大力量的方法，其间歇相对不长。起局部作用的练习之间为15~30s；起较大部位作用的练习之间为20~45s；起总体作用的练习之间为40~60s。

（六）力量练习时呼吸调节

在训练中，极限用力只能在憋气的情况下才能进行，因为憋气可以提高力量指标。例如，在吸气、呼气和闭气时进行背力测定，在憋气的时候背力最大，为133kg；在吸气时力量较小，为127kg；而慢呼气时则介乎两者之间，为129kg。

虽然憋气对力量练习是有益的，但憋气会对心血管系统的活动产生不利的影响，用力憋气会引起胸廓内压力提高，使肺的血液循环恶化而导致脑贫血和休克。经常重复憋气用力，对很少从事力量训练的人而言，会对有机体产生不良影响。但在训练方法正确时，有机体可以适应上述的作用，如举重运动员的多年训练并没有引起心血管系统活动方面的任何病理变化。为了避免不良现象的产生，在完成力量练习时需要考虑到呼吸的调节，具体如下：

（1）当最大用力的时间很短时，有条件不憋气时就不要憋气。尤其在重复做不是很大用力的练习时，应尽量不憋气。

（2）为避免用憋气来完成练习，对刚开始训练的人，所给予的极限和次极限用力的练习量不要太多，并让其学会在练习过程中完成呼吸。

（3）在完成力量练习前不应做最深的吸气，因为力量练习时间短，吸的气并不会立即在练习中产生作用，相反，深度吸气增加了胸廓内的压力，此时如再憋气就可能产生不良变化。

（4）由于用狭窄的声门进行呼气，几乎可达到与憋气类似的同样大的力量指标，因此做最大用力时，可采用慢呼气来协助最大用力练习的完成。

（七）提高速度力量的注意事项

1. 在已获得力量的基础上提高速度力量

在已经获得的力量的基础上，在快速完成动作的过程中，培养表现这种力量的能力。但这种能力的培养，首先要掌握完整的技术动作；其次反复练习到较熟练的地步，并从轻负荷开始逐步过渡到重负荷。在不同重量的负荷练习时都应有速度要求，并且练习中途不能停顿，动作幅度应尽可能达到最大，使之产生最大用力感和最大速度感。在不同结构动作的组合练习中，要强调衔接的协调、自然。

2. 速度力量与单纯发展力量相结合

就理论上讲，不带任何负荷动作是发展动作速度的有效办法。但是，运动实践中速度力量一般表现在具有一定负荷的练习中，不用负荷或负荷很小进行快速动作练习对神经肌肉系统的作用极其短暂，其训练效果适应不了运动实践中速度力量的要求。而在单纯发展力量的练习中，由于负荷较重，动作速度又会暂时下降，这种暂时下降又只有在负荷停止或大量减轻负荷2~6周后才会恢复。因此，在动作速度暂时下降时期，应采用一些非极限负荷或无负荷的速度练习，使速度和力量练习结合起来。

3. 速度力量训练负荷量要适宜

由于速度力量训练的最终目的是要培养运动员快速完成动作的能力，而速度力量性项目的负荷并不太重（例如，男子铅球7.26kg，女子铅球4kg），因此，以负重训练提高速度力量时，要采用适宜的负荷重量，照顾发展力量和速度的需要，适应专项要求。

4. 对动作的速度严格要求

训练动作时，对动作的速度要求应严格区别对待。对完不成动作速度要求的运动员，要逐步把他们的注意力从动作的空间特征转移到动作的时间特征上来。对难以掌握的、复杂的、速度要求高的动作,要严格按照循序渐进的原则进行。因为动作的空间特征是时间特征的基础,只有完成正确的动作,才能要求提高动作的速度。

(八)爆发力练习

爆发力练习具体见表4-1。

表4-1 爆发力练习

爆发力练习	具体内容
肌肉的工作方式	发展爆发力的肌肉主要工作方式是动力性的,尤其是克制性的动力工作方式
阻力的大小	阻力指标的范围相当广。促使单块肌肉和肌肉群能力发展的一般性、辅助性训练练习的负重量可采用运动员所能达到的最大重量的70%~90%。在动作结构和肌肉工作方式接近于比赛动作的练习中,负重量可用最大重量的30%~50%。专项练习(比赛的动作、短段落、跳跃的比赛动作等)的阻力大小可用与比赛相等或者与之没有极大差异的阻力。如果运动员要发展力量部分,负重量可取上述指标的上限。而要促使速度部分提高,则取上述指标的下限
完成练习的速度	发展爆发力的练习应当用极限或近极限(运动员可能达到的速度的90%以上)的速度。如果主要是发展力量部分,那么通常用近极限的速度;如果是发展速度部分,则用极限速度
完成单个练习的时间	完成单个练习时间的标准就是应当保证运动员在完成练习时工作能力和速度不产生下降。因此,各种一般训练练习的重复次数为1~2次至5~6次。其变化是由负重大小、运动员的训练水平和技术水平高低,特别是由练习的结构决定的。用专项力量训练手段组成的练习,其时间为比赛动作为一次,负重加速或不负重加速从5s到10s
组间间歇的时间和性质	休息间歇的长短应当保证运动员的工作能力能得到充分恢复,非乳酸氧债消除。练习的间歇时间可从1min到3min。这要根据参与工作的肌肉数量、运动员恢复过程的特点、训练水平和技术水平来决定 间歇中可安排低强度活动。这样可使恢复过程得到强化,保证下次练习处于最佳状态,并由此可缩短每次练习和每组练习之间休息间歇的时间(那样做可把时间缩短10%~15%)
一堂课中练习的次数	通常在一堂课中练习的量不大。量要根据练习的性质、练习是对爆发力的哪一部分起作用来定。一堂课中发展爆发力的练习通常不超过15~20min 对从事周期项目的高级运动员来说,实际上并不安排单一发展爆发力的课。爆发性练习只是作为各种综合课的组成部分来安排的,并且一般是在运动员的工作能力处于良好状态时进行

（九）力量的耐力训练

在选择专项训练练习时应当考虑选择那些能建立适合于比赛活动特点的必要条件的练习。为此，必须采用从外部形式到内部结构都与比赛练习相近似的练习。力量耐力训练具体见表4-2。

表 4-2　力量耐力训练

力量耐力训练	具体内容
肌肉工作的方式	肌肉工作的主要方式是克制性与退让性工作相结合的动力性工作方式。在相当大的范围内还可以利用静力性的练习。它们可以在动作个别较慢的阶段中对提高运动员的能力起作用
阻力的大小	阻力的变化范围可以很大，尽管在完成个别练习时用力大小可达到极限用力的70%～80%，但用负重练习时，大部分练习的负重范围主要还是采用最大负重的40%～60%的重量 在做专项训练练习时，所选阻力大小可用等于比赛性练习的阻力或用超过此阻力10%～30%的阻力。静力练习的用力大小可采用在每个具体练习中所能达到的力量的70%～100%
完成练习的速度	完成各种专项训练练习的速度主要是要使练习能保持比赛性练习的基本时间特征，因此速度通常接近于比赛性练习的速度 在完成一般性和辅助性的负重练习时，动作的主要速度同样也应是比赛性练习的速度。不过也可以做较大的变动，可从中等速度到接近于比赛性练习的速度
完成一组练习的时间	动力性练习通常要做多次，直到产生很大疲劳。做负重量练习时，重复次数可从20～30次直至150次。这个指标的变动根据是运动员的训练水平、技术水平、专项以及所采用的练习的特点 静力性工作的一次练习时间可在10～12s到20～30s之间，这根据运动员训练水平及负重大小而定 运用各种专项训练练习时，它们的练习时间在相当大的程度上是由所从事的专项距离长度决定的。大多数练习的时间在30s～2min，个别情况可达到5～10min
组间间歇的时间和性质	间歇时间可安排在30～90s，根据练习的时间和参与工作的肌肉多少而定。如果练习的时间相当短（20～60s），而又必须使疲劳累积，那么下一次练习可在工作能力没有完全恢复时就进行。间歇时间可根据心跳频率的恢复情况确定。当心跳频率恢复至120～140次/min就可开始下一次的练习 如果练习时间较长（2～10min），并且希望每次练习都产生良好效果，那么间歇时间就应使工作能力充分恢复到工作前的水平，或接近于工作前水平
一次课中重复的次数	如果提高力量耐力只是课中的一个内容，那么重复次数通常不超过10～12次。如整堂课的内容全是提高力量耐力，那么重复次数就可很多，达40～50次

（十）力量训练采用的不同形式的阻力及特点

力量训练一般都通过克服不同形式的阻力来进行，不同形式的阻力有不同的特点。

1. 克服外部阻力的训练

克服外部阻力的训练具体内容如下：

（1）克服物体重量的练习。克服物体重量的练习设备常用的有杠铃、壶铃、沙袋等。它们可作用于最小或最大的肌肉群。其重量也较容易掌握。但做这些练习时的预备姿势往往是和静力握住物体联系在一起的。如果物体的重量很大，就难以采用正确的预备姿势，并且在动作的决定性阶段难以集中力量去完成，放下器械时也多半比较紧张，造成多余的负担。

（2）克服对手对抗阻力的练习。采用克服双人或多人的对抗练习，可以模拟实战的需要，能够解决重量性物体所不能解决的阻力。在配合良好的情况下可以达到较好的效果。但其不足之处在于阻力增加的程度不易掌握，练习的时间不能太长，容易造成较大的心理负担，且易受伤。

（3）克服弹性物体阻力的练习。克服弹性物体阻力的练习设备常用的有弹簧拉力器、橡皮筋等。其特点是随着动作的结束而阻力增加。最大阻力表现在动作结束时。因为根据虎克定律，弹性物体形变的大小与作用力的大小成正比。如为了使整个动作过程中表现出来的阻力大致相等，就必须用弹力很强的或很长的弹性物体。相反，如果在动作结束阶段要表现集中用力，就应该选择柔软的、有弹性的、较短的物体。往往弹性物体并不能提供动作用力阶段所要求的阻力。

（4）利用外部环境的阻力的练习。外部环境的阻力一般指沙地、较深的雪地、山地、锯末跑道等。这类阻力对有机体下肢部位，尤其是小肌肉群的力量发展有利，但它们所能作用的部位有限。

2. 克服自身体重的训练

克服自身体重的练习通常是在四肢的远端支撑时完成的。在这种情况下，身体的肌肉处于不利于用力的情况。但克服自身体重的练习较易完成，且易于组织教学，运动员也不至于产生多余的心理负担。

二、速度素质的训练

速度能力是指人体进行快速运动的能力。它包括以下能力：

（1）在要求急速运动反应的状态下，表现紧急反应的能力。

（2）保障各种直接决定动作速度特征的有机体的活动迅速运作的能力。第一种能力习惯上被称为"快速运动反应能力"，而第二种能力就是"快速动作能力"。不将"速度"称为一种"素质"，而称为"能力"，其原因主要是因为它的表现并非单一的、最基本的能力的表现。许多训练理论认为"速度素质"是人体快速完成动作的能力和动作反应时间总称。"速度能力"与人体的反应速度、动作速度、动作速率有关。

（一）速度能力的影响因素

1. 神经系统的机能状态因素

神经系统的工作状态是影响速度能力的重要因素之一。尤其是当动作表现出最高频率时，神经中枢兴奋与抑制的转换速度，即神经过程的灵活性起决定性的作用。神经系统在有机体整体工作时可以影响运动员参与工作的注意力集中的程度，这就直接影响运动员完成动作技术的好坏，以及肌肉紧张的程度。

速度能力的表现水平与肌组织的最佳状态有关，在放松时肌弹性最小，紧张时肌弹性最大。肌肉的放松能力越高，肌肉的紧张度越高，它们之间的交替状态越协调，则速度能力的表现水平也就越高。

神经肌肉器官与植物性机能之间的相互联系也是多变的。神经系统状态良好，促使神经肌肉器官的机能活动和内脏器官的反射活动，并在身体负荷的条件下产生良好的"运动植物性机能"的反射性联系，从而使各种机能适应肌肉工作的需要，表现出良好的工作效果。与此同时，除中枢神经接受刺激强度的能力外，其抵抗疲劳的能力也直接影响速度能力的表现。

对动作反应速度而言，感受器及分析器的特征、中枢神经过程与神经肌肉装置之间的关系决定着这一速度的快慢。动作反应速度根据其形式和复杂程度表现不一。例如，简单反应和复杂反应，视觉动作反应、听觉动作反应等存在着很大的不同。在这些反应中，中枢神经起着决定性的作用，当然与其他因素，如动作协调的复杂程度等也有关。

2. 能源物资储备与相应酶活性因素

速度能力表现的能量供应主要由无氧机制来保证。就生物化学的观点而言，动作速度取决于肌肉中ATP的含量及在神经冲动作用下ATP的分解和再合成的速度。由于速度能力的表现都是短时间的，供给肌肉工作的ATP的再合成主要靠无氧氧化，即磷酸肌酸与糖酵解的无氧氧化过程，肌肉活动所需能源物质的储备充足与否及促使能源物质分解、合成的酶的活性，直接影响肌肉的工作状态，影响速度能力的表现。

3. 肌肉的组成成分

肌肉纤维的组成成分直接影响速度能力。人体骨骼肌分为白肌纤维、红肌纤维及中间纤维。不同的人体内红、白肌纤维的百分比是不同的。研究表明，它们的组成比例由遗传决定，两者在后天并不可相互转化，可以改变的只是中间纤维的功能。白肌纤维成分比例较多的人相对而言速度能力较好。这是因为白肌纤维无氧代谢能力较强，神经冲动的传导速度在白肌纤维中表现得比在红肌纤维中快。

4. 动作技术的熟练程度

正确的动作技术可以保证运动员用力的合理程序和效果，并可减少无谓的消耗。动作技术掌握得越合理、越熟练，越能使有限的能量获得较大的效果，并推迟疲劳的出现，从而使运动员表现出较高的工作强度及良好的速度。

（二）简单反应的速度训练

简单反应就是用早已熟悉的动作去回答早已熟悉的、但突然出现的信号。例如，起跑时对鸣枪的反应。

1. 简单反应的速度训练原理

（1）简单反应速度存在着转移的现象，即人对一些情况反应较快，对另一些情况也会有较快的反应，各种各样的动作速度练习都可逐步提高简单反应速度。不过这种转移是不可逆转的，即反应速度的练习并不影响动作速度。

（2）简单反应速度的提高在很大程度上取决于运动员对信号做出回答性反应动作的熟练程度。其原因在于动作熟练后，一旦信号出现，中枢神经无须再花费较多时间去沟通与运动器官之间的反射联系。

（3）简单动作反应不仅与心理训练因素有关，还与运动员集中注意力的能力、辨别信号的能力、准确辨别细微时间间隙的感觉能力有关。训练中对运动员的这些能力都应进行训练，一方面从直接的身体训练中采用有效的手段，另一方面可把身体训练与心理训练结合起来。

通常，视觉—动作反应的时间，非运动员平均为0.25s（0.2～0.35s），而运动员较短，为0.15～0.2s，部分运动员可达到0.1～0.12s。听觉—动作反应时间较短，非运动员平均为0.17～0.27s，多年训练的运动员一般为0.10～0.15s，国际上优秀短跑运动员可达到0.05～0.07s。如果运动员未进行过简单动作反应速度的专门训练，那么对运动员进行一般性的速度练习，如采用各种各样的游戏和球类活动，就可以发展简单动作反应速度，而且可达到良好的效果。

2. 简单反应速度表现的影响因素

在运动实践中，简单反应速度表现得好坏取决于下列因素：中枢神经系统的兴奋程度、集中注意力的能力、肌组织的准备状态、学习和掌握技术的能力、对特定反应和一般反应的区别能力、遗传因素（如肌肉组织中白肌纤维的比例）等。如果要把专项的简单动作反应速度提高到一定程度，就必须针对上述因素采用相应的、专门的方法和手段。

3. 简单反应速度的训练方法

（1）完整练习法。完整练习法即让运动员用早已掌握的完整的各种简单的动作或复杂的动作（或组合），尽可能快地对突然出现的信号或突然改变的环境反复做出反应。如反复完成蹲踞式起跑，根据教练员发出的信号改变动作方向，对受训者的各种动作做出预定的反应动作等。这种训练对刚参加专项训练的人来说效果是明显的。

（2）分解法。由于简单动作反应是通过具体的、有目的的运动动作及其组合来实现的，因此，可发挥分解法充分利用动作速度向简单动作反应速度转移的效果。

分解法就是分解回答性动作，使之处于较容易完成的条件下，通过动作的分解来提高局部动作的完成速度，从而提高反应速度。例如，田径运动员采用蹲踞式低姿起跑的反应时间较长主要是因为运动员的手臂支撑着较大的重量，要较快地离开支撑点是困难的。所以，可用分解法将其分为两步进行，先单独练习对起跑信号的反应速度，而后不用起跑信号单独练习第一个动作的速度。这样做最终可取得良好的效果。

（3）变换法。让运动员在变化的情况下去完成练习，即根据动作的强度和具有时间变化的信号刺激，明显改变练习的形式和环境来提高简单动作反应速度。应用变换法还可在接近比赛的条件下，结合采用专门的心理训练来做发展简单动作反应速度的练习。这样可使运动员逐渐适应多变的环境，消除妨碍实现简单动作反应的过度紧张感，避免兴奋的不必要扩散。

（4）运动感觉法。运动感觉法是心理训练与身体训练相结合的一种方法。练习分三个阶段：第一阶段，运动员用最快的速度对信号做出反应，如做5m的起跑，每次练习后从教练员那儿获得该次反应练习的实际时间；第二阶段，运动员自我判断反应时间，并立刻与教练员的实测时间进行判别比较；第三阶段，当这些刺激比较能在大多数情况下吻合时，运动员就能准确确定反应时间的变化，按所要求的速度去完成练习，逐步自由地掌握反应速度，使反应速度得到提高。

提高简单反应速度的方法还有许多，如培养运动员把注意力放在将要进行的动作上，比运动员把注意点集中在信号上的反应速度要快一些。又如，由于反应动作的完成与动作开始前肌肉的紧张程度有关，因此更要做好完成动作的准备。如让运动员起跑前把脚贴紧起跑器，使小腿肌肉预先紧张起来，做好完成动作的准备。

（三）复杂反应的速度训练

复杂动作反应是指对瞬间的变化做出相应动作的回答。在那些突然变换动作情况的项目中，如球类项目、一对一的对抗项目，对复杂动作反应速度有极高的要求。

复杂动作反应在运动中大部分属于"选择"反应。选择反应包含两种反应：一种是对移动目标的反应，对移动目标的反应过程，主要是指对"运动客体"的变化做出反应；另一种是选择动作的反应，主要是指根据对手动作变化做出相应动作的反应。

严格来说，复杂动作反应的训练应属于专项训练的范畴，属于运动技术和战术训练的组成部分。特别是在球类运动和一对一的对抗项目里，由于复杂动作反应具有这种特点，导致复杂动作反应就有很强的"专项"性。复杂反应的培养常用的方法如下：

（1）对移动目标产生反应并做出选择，一般要经历四个阶段：一是如对球类运动中的"运动客体"——球的反应，需要看见球；二是判断球的速度和方向；三是选择自身动作的方案；四是实现这个方案。这四个阶段组成了反射的潜伏期，四个阶段整个过程时间一般为0.25~1s。前两个阶段的时间要耗费整个反应时间的一半以上。而这个时间的主要部分又都用在第一阶段，用于第二个阶段的时间不多，一般为0.05s。因而在培养运动员对运动客体的反应速度时，要特别注意缩短反应开始的这两个阶段的时间，可采用两个主要方法，具体如下：

第一，培养在视野中预先"观察到"和"盯住"客体以及预计客体可能移动的方向的本领，即要加强"预知"能力的培养。这种本领要在技术和战术动作的提高过程中以及通过专项训练练习来培养。

第二，在练习中有意识地引入、增加外部刺激因素。如可以在专项训练练习时增加球的数量，采用多球的游戏法；缩小练习的场地；安排一对二的训练练习等。还可采用带有程序设计装置的练习器和其他专门设备，如乒乓球、排球的多球训练。

选择反应来自实用心理学，它取决于"必择其一"的背景所含的数量。如果在一对一项目中，运动员已判断出对手只能用一种方式进攻，那么选择反击的方式的不准确性将非常小。如预测对手发生有困难，相应时间增加，选择回击的不准确性也就会增大。

考虑到以上因素，在培养选择反应速度时，首先要努力教会运动员巧妙地利用对手可能做出动作的"潜伏信息"。这种潜伏信息可从观察对手的姿态、面部表情、准备动作、总体的风度等获取。实践证明，一旦能准确意识到对手可能采用的进攻方式，就可以准确地选择相应的回答动作来缩短反应时间。

（2）为了缩短选择反应时间，可以在专项训练练习中使需要选择的情况更复杂化。例如，让训练的同伴提供更多的需要做出反应的动作，并尽可能地使运动员掌握可供选择的、回答性动作的数量。要达到这一点，必须在提高复杂动作反应速度的同时，提高运动技术，培养良好的协调能力，增加战术方案。另外，可以设计专门的练习装置和器材，如拳击、击剑的电子靶。

（四）动作速度的训练

1. 动作速度训练的重复法

运用这种方法时要使运动员能在练习时最大限度地表现出动作速度，并通过练习程序的变换促使各种速度之间产生最大可能的转移，减少技术动作定型对速度提高的影响。练习程序的变换可采用以下措施：

（1）降低速度练习的外部条件，利用辅助的、能使动作产生加速度的力量。在克服自身体重的练习中，可采用助力减轻运动员的体重。例如，在体操等项目中，可由教练员、同伴使用保护带进行直接的体力上的帮助；在周期性项目的练习中，可采用专门的设备给予运动员向上的牵引力（如高架的牵引输送装置）。可限制自然环境的阻力，如自行车项目可由摩托车带着挡板领骑、顺风跑、顺水游泳、在海水池中游泳等。还可以利用帮助运动员把自身动作惯性转移到速度上去的外部条件，如下坡跑、下坡骑自行车等。也可在移动中引入可控制大小的外部力量，如牵引跑就可给运动员身体重量提供附加加速度。

（2）利用动作加速后的后效作用以及器械重量变化后的后效作用。在完成上一次动作的影响下或在上一次类似重量的负重动作影响下，可以使动作速度暂时得到提高，例如，在跳高前先负重跳，在推标准重量的铅球前先用加重的铅球推等。这是由于在第一次动作完成后，神经中枢剩余的兴奋在随后的动作过程中依然保持着运动指令，从而可以大大缩短动作进行的时间，提高加速度和工作的力量。但这种后效作用的产生取决于负重重量的大小和随后减轻的情况，练习重量的数量和采用标准的、加重的、减轻的重量的练习交换的次序。

又如，用增加重量的铅球练习后，再用标准重量的铅球推的次数，两者合理的比例大致为1∶3～1∶2。而在用标准重量铅球练习后，再推减轻重量的铅球的次数，两者合理的比例为1∶1。在同一次课内，把加重、标准、减轻重量的速度练习组合在一起时，正确的安排顺序为加重—标准—减轻。在短跑训练中，应该是上坡跑—水平跑道跑—下坡跑。这种由重到轻的安排趋向是由后效作用决定的。

（3）采用领跑和声响、灯光信号发出速度感觉指令。领跑的方法主要是努力建立达到必要动作速度的实物方向标，同时可以努力减少动作速度的障碍（空气的迎面阻力）。利用声响、灯光信号发出速度感觉指令可以提供必要的动作节奏或控制动作速度的变化。

（4）利用"疾跑"效果，把加速阶段引入主要动作练习。多数速度练习都包含有从静止到最大速度的"疾跑"阶段，如在短跑练习开始时的加速度，田径跳跃项目、技巧和体操支撑跳跃中的助跑，投掷中的预备动作等。"疾跑"是在练习的主要阶段提高速度的最重要前提。因此，在一定的情况下要采用合理的辅助加速动作，并把它引入练习的最后阶段。例如，推铅球最后出手前附加转体；在体操支撑跳跃中，采用起跳后触悬挂物体来增加蹬地的动作加速度。

（5）缩小练习完成的空间、时间界限。运动活动中速度表现的平均水平主要是受专项活动持续时间的影响，因此，在培养动作速度的过程中，可以限制练习的总时间及练习完成的空间条件，使动作能以最大速度完成，从而提高结果、效果。例如，在周期性项目练习中，可以缩短练习距离，只安排近似于比赛距离的练习。在球类和一对一的对抗项目中，限制活动的时间、场地，使运动员能够加速移动。

2. 动作速度训练的比赛法

比赛法是进行速度训练经常使用的方法。由于速度练习时间短，经常使用比赛法是可能的。由于经常比赛训练，就增加了动员有机体表现出最大速度的可能性。

3. 动作速度训练的游戏法

游戏法与比赛法的作用一样，可以激发运动员高涨的情绪。同时，由于在游戏过程中能引起各种动作变化，还可以防止因经常安排表现最大速度的练习而引起"速度障碍"的形成。

（五）速度障碍的预防与克服

"速度障碍"是指运动员在达到一定的速度水平后，长时间停滞不前，甚至不能再提高的现象。速度障碍在需要各种表现出速度的动作中都会有所表现，而不单单表现在跑的速度方面，还有跳高的起跳速度、投掷的出手速度等。

速度障碍的形成与速度的训练方法和手段本身有关。提高某动作的速度需要反复练习，可多次重复又会导致形成动作的动力定型，使反映动作的各种指标比较稳定。这种稳定不但反映在动作的空间特征上，如动作幅度、方向等，而且也反映在时间特征上，使动作的速度和频率都产生较牢固的稳定状态，形成所谓的"速度障碍"，妨碍速度能力的进一步提高。

预防"速度障碍"，对不同训练水平的运动员应采用不同的做法。对刚参加的训练者，预防"速度障碍"的主要做法是不急于搞过细的"速度"专项化训练，应在若干年内先进行预备性的全面的身体训练。主要突出速度力量的训练，采用各种手段，如游戏、球类、跳跃等，以及用不同的形式进行练习，即使采用专门的速度练习也应在方式上进行多种变化，例如，100m跑达到11s的成绩，既可以通过专门短跑训练来达到，也可以通过全面身体训练把重点放在速度力量的练习上来达到。

虽然上述训练手段达到的成绩是一样的，但用专门的短跑训练以最高速度进行反复练习的做法，会导致动作时间特征的稳定，形成"速度障碍"。与之相反，后一种情况就不会形成类似的动力定型。

高级运动员要预防"速度障碍"，应在一定阶段内减少其经常采用的速度练习，增加速度力量练习及其他一般素质的练习和专项素质练习的分量。例如，把跳高运动员跳过横杆的练习数量限制在所有跳跃练习的12%～15%范围内，其他时间举行举重及各种形式的（不是平常采用的）跳跃练习，这样就可以防止形成跳高时蹬地速度的稳定。在短跑、投掷、举重中也同样可以进行类似变化的安排。

一旦形成了"速度障碍"，就需要采用有目的的专门性手段来破坏并削弱它。破坏"速度障碍"的主要办法是创造一定的补充条件来突破已经牢固形成的最高速度。如采用下坡跑、领跑、加速跑、牵引、投掷轻器械及轻重不同器械轮换交替训练等。但在采用这类手段的时候，不应过分地降低条件，而应注意，在降低条件后达到的速度应是运动员在不久的将来又能在正常条件下达到的速度。否则，由于条件过分偏离专项的要求，专项必要的动作的空间特征也会受到破坏，从而导致以后恢复到正常训练的时间延长，产生不良后果。

削弱和破坏速度障碍的依据是动力定型的空间特征较时间特征稳定。如果一段时间内不做主要的速度练习，"速度障碍"可能消失，而动作技术的空间特征将保留下来。如果在这个时期内借助其他手段又提高了速度力量等素质，那么过一段时间则可能使成绩得到提高。例如，在一个试验中，较高级水平的跳高运动员停止了几个月专项练习，这样并没有对他的技术起副作用。在这段时间，主要提高他的速度力量素质。以后，当他重新进行跳高专项练习后，成绩得到了提高。

对待速度障碍应该防患于未然，在训练前期千万不能过于着急。把专项训练的比重、专项强度提高至不恰当的高度是不可取的做法。争取运动员的成绩有立竿见影式的提高效果，而忽略运动员的长远前景，拔苗助长的错误做法，是不对的。

（六）速度训练的安排

要取得速度素质训练的良好效果，训练课中速度练习的位置及训练课在一周中的位置是很重要的。通常，在一堂训练课中，速度练习的量相对于其他练习来讲是不可能很大的，即使是从事速度性项目的运动员也是这样。其原因如下：

（1）速度练习具有极限的强度，并伴有很大的心理紧张。

（2）由于练习后身体产生疲劳，不光练习总强度降低，而且动作的结构和动力学特征，特别是组成专项动作的某部位的动作速度会下降，动作技术特征受破坏必然要影响训练效果，所以高强度的速度练习在训练课中总量总是较少的。

速度训练练习在课中的安排应考虑安排的时机能保证速度训练练习取得良好的效果。要保证速度练习取得良好效果，需要具备两个必要条件：①中枢神经系统有相当高度的兴奋性。只有中枢神经系统有了高度的兴奋状态，才能使兴奋与抑制有良好的转换过程；②有机体磷酸肌酸能源物质有充足的供应。从这两点考虑，速度练习一般安排在课基本部分的前半部分。

课中练习之间间歇时间的控制也应从上述两个基本条件考虑，既要使练习后神经系统的兴奋性不至于产生本质上的降低，又要使能量物质基本得到恢复。一般来说，次间间歇可安排2~3min，组间间歇安排7~10min，每组练习4次左右。距离短、强度要求高的练习放在前面；距离较长、强度次之的练习放在后面。速度训练练习的持续时间最长不宜超过22s。

一周中，训练速度的课宜安排在休息日后的第一天，以及有氧性质负荷课的后一天。不宜安排在速度耐力课后面。具体安排及原因可参看小周期构成的有关问题。[①]

第三节　耐力素质与柔韧素质训练

一、耐力素质训练

耐力素质是指运动员克服疲劳的能力。20世纪80年代初，国际运动医学联合会对"疲劳"做出下述定义，即不能维持预定的工作强度则称为"疲劳"。应当认识到，以任何一种强度进行工作都必然会产生疲劳。换言之，不仅在低强度、长时间的工作时存在着疲劳，而且在高强度、短时间的工作时同样也存在着疲劳。运动员无论进行何种强度的工作，在工作进行中都可能会出现不能再坚持该种强度的时候，或因各种因素的相互不协调而产生强度波动的状态。实际上，这种不协调本身就是由某些因素疲劳而产生的反应。因此，相对于任何一种工作强度来说，都存在着耐力的问题。

（一）耐力的影响因素

根据工作特征的不同，疲劳可分为智力上的疲劳、感觉方面的疲劳、感情上的疲劳及体力上的疲劳。在运动训练过程中，较有意义的是由肌肉活动引起的体力上的疲劳。这里的耐力素质主要是指克服运动活动过程中体力上疲劳的能力。

通常人们把耐力理解为长时间工作中才有的机能状态变化，这种理解是局限和片面的。如果只从长时间工作的需要考虑耐力的训练，就会忽略高强度工作状态时必要能力的训练工作。高强度工作中的耐力是达到这类项目高

---

① 王向宏. 体能训练理论与方法［M］. 2版. 北京：北京航空航天大学出版社，2014.

水平成绩必不可少的重要因素之一。

耐力与运动员其他方面的素质有最紧密的联系，它是一个多因素的能力。影响它的因素除先天性的身体组织结构，如红白肌纤维的组成比例和神经特征外，还有如下因素：

（1）运动员的个性心理特征。运动员的运动动机和兴趣、对面临的运动活动的心理稳定性、刚毅性、自持力以及其他的意志品质都直接影响耐力素质。

（2）有机体活动时能量交换和获得的机能能力。有机体活动时能量供应以及保证能量交换和获得能量这一体系的机能能力（其中包含对运动员有机体各种能量储备、能量交换过程的动员和进行等）对耐力素质也有很大影响。

（3）有机体机能的稳定性。有机体机能的稳定性可以使有机体各个系统在疲劳发展及内环境产生变化时，机能积极性仍然保持在必要的水平上。

（4）有机体的机能节省化，协调的完善，力量合理地分配。机能节省化主要反映在随着训练水平的增长，在一个单位工作时间中能量消耗的减少；协调的完善可以减少不必要的能量消耗；力量合理地分配则可提高能量的利用程度和效率。这些都直接决定了有机体能量储备的利用率。

当前，上述因素中的许多指标不仅在质量上，而且在数量上都已能标记出来，并能够对它们在各种项目所需耐力中的"比重"做出一定的评价。例如，可用有机体无氧和有氧能力的许多指标来判别能量供应的组成及其机能特征，如工作时的最大需氧量、达到最大需氧量时的极限时间、无氧阈、在工作进行时血乳酸的浓度等。

（二）耐力的分类

1. 专项耐力

（1）用通过比赛距离的最短时间与各段距离的速度相比。多数周期性项目都可采用这类指标来评定专项能力。具体做法如下：

第一，"速度储备"指标。用全程成绩求出某一段落的平均时间，与单独通过这一段落距离的最好成绩之间的差数。例如，运动员跑800m的成绩为130s，则运动员跑800m时每100m的平均时间为16.25s。如运动员单独跑100m的成绩为12.5s，那么"速度储备"就是16.25-12.5=3.75s。

第二，"耐力指数"指标。用全程成绩减去单独通过某一段落的最好成绩与段落数的乘积。例如，运动员跑800m成绩为130s，跑100m最好成绩为12.5s，则耐力指数为130s-（12.5s×8）=130s-100s=30s。

这类指标适宜于运动员个人的专项耐力评定，不适合于人与人之间的比较，属相对指标。因为人与人之间虽然成绩不一样，但各人的速度也不同，可能速度储备等指标会一致。

（2）在比赛过程中保持或提高合理的运动积极性的程度，这类指标如下：

第一，在比赛负荷量增加或完成预定的量时，速度的保持程度。例如，在计时跑中，速度保持得好，完成的距离就更长。

第二，在标准比赛负荷量的条件下，用力强度增长的指标。如举重项目中，后面试举时所举重量的增长指标、田径投掷和跳跃项目中远度增长的指标等。

第三，在比赛过程中有效比赛动作数量的保持和增加。如在动作没有限量的项目（球类、一对一的对抗项目）中动作的数量。

（3）比赛中动作技术的稳定性。这种指标在技术复杂的运动项目中特别重要，如竞技体操、跳水、花样滑冰等项目。专项耐力还可以用完成专项训练练习负荷总量的指标进行判别。如田径、游泳、划船训练距离的公里数，举重运动员练习的试举次数及负重总量，体操运动员的重复练习总次数等。

对专项耐力而言，只有在比赛时或与比赛的条件极其相近时所表现出来的耐力才最具有判别的价值。在平时训练中，可以采用合理的专项模拟测验来检查专项耐力，但模拟测验也要尽可能接近于该专项比赛的条件。例如，测定10 000m赛跑运动员的耐力指数，用100m跑的速度来衡量是不科学的，而用1000m或更长距离的速度作为衡量指标才比较客观。

专项耐力训练要从比赛和训练两方面考虑。要使运动员在专项训练中承担比比赛更大的专项量和强度，并使身体训练、技术训练和其他各部分训练内容的负荷总量从一个训练阶段到另一个训练阶段有规律地增长。

（4）专项耐力的训练任务。只有通过专项耐力训练，建立专项耐力储备，才可能在比赛中充分发挥比赛时所需的专项耐力。因此，专项耐力的训练任务具体如下：

第一，充分利用专项运动负荷的增长来发展专项耐力，建立必要的专项耐力储备。

第二，建立稳定的比赛能力。这两个任务的关系是，前者为后者服务，后者又是前者考虑的着眼点，是训练的最终目标。

（5）不同运动项目专项耐力的特点。由于运动项目的不同，其专项耐力表现具有不同的特点，具体如下：

第一，长距离、超长距离的耐力特点。长距离、超长距离项目的耐力在相当大的程度上是由运动员的有氧能力决定的。其成绩与运动员有机体的最大需氧量水平以及其他有氧代谢指标有关。这类项目的耐力较之其他类项目的耐力更取决于机能节省化的程度和合理分配体力的能力。

对那些中等距离的项目和比赛强度又区别于那些次极限强度项目（如200～400m游泳、1000m划船等）的其他项目而言，一个重要的特点是，比赛时它们的无氧过程比重（主要是糖酵解过程）可能超过有氧过程或与之相近。这类项目的耐力与运动员的速度、力量能力的联系更紧密。但速度、力量的绝对指标并不能保障这类项目的专项耐力和运动成绩的提高。只有针对这类项目耐力的生理特点做专项性的耐力训练才能取得成效。

第二，短距离类项目（田径的短跑、短距离自行车赛及其他类似项目）的耐力特点。这类项目耐力的特点要有达到运动员最大工作强度的能力，以及力争能在最短时间内保持这种最大工作强度通过比赛距离。这类项目的耐力取决于无氧过程（包括两个阶段——非乳酸供能和糖酵解过程）对能量转化、利用能力的可能程度和效率。这类项目在练习过程中要求意志高度集中，神经系统状态稳定，并在复杂条件下控制动作协调，保证相应神经冲动的能力，而且在练习中会产生有机体与之相联系的其他变化，在恢复时期内对植物性系统也有相当高的要求。

在周期性的这类项目的比赛中，它们的耐力有相似之处，但完全相似是没有的。无论是周期性的项目，还是其他的类似项目，对耐力都有专项的要求。例如，在举重、拳击、摔跤等项目中，其耐力具有"力量性"的特点。此类项目，一般来说克服的重量越重，对运动员的力量要求就越大，因而耐力的发展与个人的力量能力的关系就越密切。但此类项目的专项耐力又不能仅仅归结为力量能力，它还包括在比赛中心理紧张时保持用力的能力和使用力强度不断增长的能力。因为比赛时情绪紧张和疲劳并存，负荷总量很大，而且技术还不能出现错误，这就要靠耐力来保证。

第三，球类项目耐力的特点。球类项目中的耐力亦可称为"比赛耐力"。这类项目的耐力是由下述因素决定的。比赛时动作没有统一的标准，并且动作的方式和数量是广泛的，是无法预先估计的；也不可能事先准确地确定比赛时所要承担的负荷，甚至比赛总的时间也不能预先准确地确定。所以，这类项目需要有相当大的耐力储备。这类项目一方面由于带有大量极限强度的动作（如加速移动、进攻、打击等），对无氧供能体系提出了相当高的要求；另一方面，由于积极的动作与相应的间歇进行交替，并且总负荷量很大，从而对有氧供能体系又有很高的要求（如高水平冰球运动员比赛时需氧量平均水平接近个人最大需氧量的90%，其波动范围为75%~100%）。

第四，全能项目的耐力特点。全能项目的耐力与全能所包括的项目的负荷和各项目相互之间的影响有关，它们又都与个别项目的成绩有关，都可能使个别项目成绩的取得产生一定的困难。因此，全能项目中各个项目取得高水平成绩越困难，则全能项目耐力的培养就将具有更大的意义。

2. 一般耐力

一般耐力训练的任务是要在一般身体训练的过程中有计划地对影响耐力

的各个因素进行训练，扩大有机体进行一般工作的机能能力，建立提高专项负荷的条件，并利用素质转移的效果为发展专项耐力打下基础。

一般耐力训练要与提高心血管、呼吸系统机能紧密联系。适宜强度而又能长时间连续工作的能力通常就是"有氧耐力的表现"。它与氧的吸入、输送、利用等有关。对一般耐力而言，有氧耐力的培养任务有两个：一是建立提高运动负荷的前提条件；二是产生耐力向专项练习转移的效果。

人体的有氧能力是无氧能力的基础，高度无氧能力应建立在高度发展的有氧过程基础上。因为高度的有氧能力不仅有助于更有效地进行氧化过程，快速地消除无氧过程中积累的乳酸，而且还能有效地提高肌肉中糖原的储藏量，而肌糖原储藏量又与无氧能力直接有关。因此，即使是以练速度耐力为主的中距离跑运动员，虽然这项运动所负的氧债绝对值最大，也应该在发展有氧能力的基础上再过渡到无氧训练。当然，在具体安排中需要采用合适的比例。

对专项成绩在很大程度上取决运动员的有氧耐力的项目，有氧耐力的训练已属于专项耐力的训练，更需要大力发展。相反，无氧耐力在此时亦作为它们一般耐力的一个相对重要的内容，无氧耐力的提高促使有氧耐力的提高。此外，对有氧耐力起主要作用的项目来说，它们在比赛过程中并非仅有单一的供能体系在工作，依然会有相当成分的无氧过程，所以对无氧耐力虽然不做主要训练，但从提高运动负荷强度来说也应进行必要的训练。

在进行一般耐力训练时，应当充分考虑到专项中各种影响耐力的因素的比例、运动员的实际训练水平、不同阶段内负荷的内容和量等。

（三）耐力训练的手段及要求

1. 耐力训练的手段

（1）各种形式的长时间跑，如持续跑、变速跑、变换训练环境的越野跑、法特莱克跑、间歇跑。

（2）除跑以外的长时间活动及其他周期性运动，如游泳、滑冰、自行车、划船等。

（3）长时间重复做某一非周期性运动，如篮球训练中经常做的各种不规则滑动、跑的练习，排球训练中经常做的滚动救球练习等。

（4）多种长时间游戏及循环练习等。

2. 耐力训练的要求

（1）耐力训练应循序渐进。耐力训练应以一定的训练时间、距离和数量为起点，逐步加长时间和距离，再提高到接近"极限负荷"。

（2）耐力训练应注意呼吸。呼吸能力对耐力训练非常重要，呼吸的作用在于摄取发展耐力的必要氧气。机体摄取氧气是通过提高呼吸频率和加深呼吸深度实现的。在训练中，应培养运动员加深呼吸深度供氧的能力，并注意培养运动员用鼻呼吸的能力。同时，还应加强呼吸节奏与动作节奏协调一致的训练。呼吸节奏紊乱必定会导致节奏的破坏，使能量物质的消耗增加，不利于耐力水平的提高。

（3）无氧耐力训练应以有氧耐力为基础。无氧耐力的发展是建立在有氧耐力提高的基础上。这是因为通过有氧耐力训练，运动员心脏增大，脉搏输出量提高，从而为无氧耐力的发展打下了坚实的基础。例如一开始便是无氧耐力训练，那么心肌壁就会增厚，这样虽然心脏收缩能力强而有力，但是脉搏输出量难以提高，从而影响到全身血液的供给，对今后发展不利。所以，在发展无氧耐力之前或同时，应进行有氧耐力训练。在具体训练过程中，则应根据各方面的情况对两者的比例进行科学合理的安排。

（4）要加强意志品质培养。耐力训练不仅是身体方面的训练，也是意志品质的培养过程。因此，在耐力训练中除了应注意提高运动员的练习兴趣外，还应注意培养吃苦耐劳、坚韧不拔的意志品质。

（5）对运动技术应严格要求，并适当控制体重。发展耐力素质应对技术提出严格要求，并对运动员体重进行适当控制。脂肪过多会增加肌肉内阻力，摄氧量的相对值也会因体重的增加而下降。体重过重，消耗的能量也必然增加，这都会影响耐力素质的发展。

（6）应兼顾女子生理特点。女子体脂一般为体重的20%~25%，男子一般为10%～14%。脂肪不仅具有填充和固定内脏器官的作用，而且可以储备能量并在必要时供运动消耗。女子的皮下肌肉和一些内脏器官中的脂肪含量较多，并且具有动用体内储存脂肪作为能源的能力，因而，进行长距离游泳和长跑等耐力项目的能力很强。由于女子机体能有效地利用储存的脂肪作为运动的能源，所以有利于从事较长距离的耐力训练。

需要注意的是，女子运动员在月经期间不宜从事大强度、长时间的耐力训练，应避免剧烈运动及其他外部刺激。

二、柔韧素质训练

从外部看，柔韧素质通常表现为人体各个不同构造的关节所许可的屈伸动作及其动作的活动范围。它与运动员的力量能力、速度能力和其他运动能力不同，柔韧素质不属于动作的原动性因素，只是属于支撑运动器官的形态功能特性，它决定着运动器官各个环节相互之间的活动程度。不同的项目对柔韧素质有不同的要求，它在运动活动中有着相当重要的意义。

青少年时期是柔韧素质发展的最佳时期，尤其是在低学龄段内，在有针对性的训练作用下，这一素质的发展速度及效果较其他时间要快和好得多。

柔韧性发展的潜在可能受各个关节和韧带装置的解剖特点限制。动作的实际幅度首先要受到对抗肌紧张度的限制。因此，柔韧性的指标取决于被拉长肌群的放松及对应于动作的肌群的紧张，取决于两者之间能否协调结合的能力。但是发展柔韧性不能仅归结于改善肌肉间的协调性上，还需要包括在改善肌肉和韧带的可塑性基础上，所产生的一系列特殊的形态功能变化。多年进行柔韧性训练，会使骨联结的表面产生改变。

（一）柔韧的分类

柔韧素质可以分为一般性柔韧和专门性柔韧两种。一般性柔韧通常指运动员在进行一般训练时，为适应和保证一般训练顺利进行所需要的柔韧素质。例如，球类运动员在速度练习时，为加大步幅所需要的腿部柔韧性；田径运动员负杠铃进行深蹲练习时，所需要的大腿后群肌肉表现出来的柔韧性等。

专门性柔韧即专项运动技术所特需的柔韧性。例如,体操运动员为完成各种器械练习时所需要的肩、髋、腰、腿等部位大幅度活动,游泳运动员在比赛中所需要的肩、腰的大幅度活动等。专门性柔韧是建立在一般性柔韧基础上的。一般而言,由于柔韧素质极少有选择性,因此,同一身体部位所具备的柔韧性在各种不同的运动项目中都可以表现出来,只是幅度大小不同而已。

(二)柔韧素质的影响因素

柔韧素质的影响因素有很多,具体如下:

1. 关节的骨结构

关节的骨结构是影响柔韧性诸因素中最不易改变的因素,完全由遗传决定。虽然训练可以使骨结构产生部分的变化,但也仅表现在关节内软骨形态的变化方面,而且这种变化只能局限在关节骨结构许可的范围内。

2. 肌肉、韧带组织的弹性

肌肉、韧带组织的弹性是影响柔韧素质的最主要因素。遗传对它们有着一定的影响,但也取决于男女性别、年龄特征及中枢神经系统的兴奋性。在中枢神经系统的影响下,肌肉的弹性会产生显著的变化,如比赛中情绪高涨,柔韧性会有很大程度的提高。

3. 神经活动过程特点

神经活动表现为兴奋与抑制的转换。这一转换过程的灵活性与运动活动中肌肉的基本张力有着密切的关系,特别表现在中枢神经系统调节对抗肌之间的协调,以及对肌肉紧张和放松的调节。由于神经活动过程分化抑制的发展程度对运动员随意放松能力起重要的作用,因此,与柔韧素质有着密切的关系。神经系统能很好地改善对抗肌之间的对抗程序,这将使肌肉放松与紧张的调节能力得到提高,使柔韧性得到良好的表现。

4. 关节周围组织的体积大小

关节周围组织体积的大小对关节活动起着限制作用。往往由于这些关节周围组织体积的增大而影响柔韧素质的发展，如有些肌肉体积增大就影响其周围关节的活动幅度。

5. 外部环境的温度和柔韧性时间

18℃以上的外界温度是表现柔韧性的最适宜温度，18℃以下则对柔韧性的表现不利。在一天的不同时间内，运动员的柔韧性也不相同。虽然这与一天内外界温度的变化有关，但更重要的是，一天内有机体的机能状态存在着一定的变化。例如，刚睡醒时柔韧性较差，早晨明显下降，中午比早晨好。

许多人以为早晨人的柔韧性好，其实是一种误解。利用早晨进行柔韧性练习主要是因为肌肉内的张力通过一夜睡眠已得到调节，多余的肌紧张已得到消除，肌肉处于松弛状态，韧带易于拉开。

6. 心理紧张度

运动员表现出来的心理变化可以通过中枢神经系统、体液调节等影响到有机体各部位的工作状况。心理紧张度过强、过长会使神经过程由兴奋转为抑制，严重影响各部位的协调能力，从而影响柔韧性；反之，如心理紧张度适度，则有助于柔韧性的表现。

7. 有机体疲劳程度

在有机体疲劳的情况下，柔韧性会产生很大的变化，这时主动柔韧性指标下降，而被动柔韧性指标则会提高。

在运动活动的实践中，准备活动做得充分与否、训练时间的长短等非本质性因素对柔韧性也有相当明显的影响。

8. 主动柔韧性与肌肉的力量

有机体某部位的力量大，有助于加大这个部位的活动幅度，这个部位的主动柔韧性就必然好。但是力量训练将使这部位周围的肌肉组织、韧带等软组织体积增大，也将影响到关节的灵活程度。因此，在练习时可采用力量练习和柔韧性练习合理结合的方法，克服因力量训练带来的不良影响，从而使这两种素质的发展都达到很高的水平。

（三）柔韧素质的训练方法

提高柔韧素质的训练手段与方法很多。我国的武术、杂技、戏曲等在培养演员过程中就有许多行之有效的传统训练手段与方法，如隔腿、耗腿、弯腰、一字步等。提高柔韧素质的各种手段与方法分为两大类：主动性练习与被动性练习。在这两种方法中又都包含动力性练习和静力性练习。主动性练习即通过与某关节有关联的肌肉的收缩，增大关节的灵活性。被动性练习是指主要依靠有机体某部位自身的重力或肌力作用促使关节灵活性增强。提高柔韧性的练习主要运用加大动作幅度，拉长肌肉韧带的原理。

主动动力性柔韧练习可根据其完成动作的特点分为单一的和多次的（如两次重复和多次重复的体前屈）练习形式、摆动的和固定的（如固定支撑点的拉肩）练习形式、负重和不负重的练习形式等。

主动静力性柔韧练习就是利用自身的重力或肌肉力量，在关节或动作处于最大幅度的情况下，保持静止姿势，尽量拉长肌肉或韧带的练习形式，如把杆拉腿、体前屈后静止保持不动等。

被动动力性柔韧练习是指依靠教练员、同伴的帮助，逐渐地加大有机体某一部位的幅度。

被动的静力性练习即由外力来保持固定的姿势，如依靠同伴的力量保持体前屈的最大幅度。

被动性柔韧练习对于发展主动的柔韧性来说，其效果比主动性柔韧练习稍差，尤其是被动的静力柔韧练习更是这样，但它却可以达到更大的被动的柔韧性指标。而被动性柔韧性的指标通常超过主动性柔韧性指标。这一差别越大，潜在的可伸展性就越大，这将使主动动作幅度扩大的可能性也越大。在训练过程中，两者的内容安排应兼而有之。对于那些柔韧素质要求极高的运动项目，如体操等项目，被动性柔韧练习是不可缺少的。

柔韧素质训练的具体方法较多，但归纳起来主要有两个方面的内容：一是专项运动所必需的柔韧素质练习；二是一般性柔韧素质练习。由于一般性柔韧素质训练的具体方法适用面广，并且是各专项柔韧素质发展的基础，为此，从人体各关节部位出发，以动力性和静力性柔韧素质发展方法为指导，提出一般性柔韧素质训练的具体方法，具体见表4-3。

表 4-3 一般性柔韧素质训练方法

主要方法	具体内容
颈部柔韧性练习	①静力性练习。可采用使头部尽可能屈、伸、侧倒至最大限度，并维持一段时间的静止练习 ②动力性练习。使头部在尽可能大的活动范围内做绕环运动，或练习者双手托下颌，做使头向左、右方向运动的练习
肩关节柔韧性练习	①静力性练习。可采用压肩（正、反、侧三个面）、控肩、搬肩练习 ②动力性练习。可采用握棍转肩，或借助橡皮条做拉肩、转肩及风火轮练习（通常称轮臂）
肘关节柔韧性练习	①静力性练习。可采用屈肘、反关节压肘至最大活动范围的一系列练习，并使之维持一段时间 ②动力性练习。最常用的方法是做肘绕环运动，即固定肩关节的活动，并使上臂保持在一个水平面上，然后以肘关节为轴做绕环练习
腕关节柔韧性练习	①静力性练习。可采用屈腕、伸腕至最大活动范围并维持一般时间的控腕练习 ②动力性练习。可采用腕绕环运动、抖腕运动等手段
腰部柔韧性练习	①静力性练习。主要方法有下腰、控腰两种 ②动力性练习。可采用腰绕环、甩腰等练习方法
髋关节柔韧性练习	①静力性练习。可采用耗腿、控腿、纵劈叉、横劈叉、抱腿前屈等练习 ②动力性练习。可采用搬腿、踢腿（正、侧面以及外摆、里合四个方面）、盘腿压膝等练习
膝关节柔韧性练习	①静力性练习。主要有压膝、屈膝两种练习 ②动力性练习。可采用膝绕环、快速的蹲立练习等
踝关节柔韧性练习	常用的方法是坐踝、绷脚面、勾脚尖练习以及提踵练习等

应当指出，提高柔韧素质必须坚持静力性练习同动力性练习相结合的原则，如果纯粹地采用静力性练习手段，其训练效果必定不佳。[1]

（四）柔韧素质的训练要求

（1）柔韧性发展需要适度。在运动中，虽然某些专项对柔韧性有较高的要求，但没有必要使柔韧水平达到最大限度，只要能保证顺利地完成必要

---

[1] 耿建华.体能训练理论与方法[M].西安：陕西师范大学出版总社有限公司，2013.

的动作就可以了。当然，要保证顺利地完成必要的动作，必须有一定的"柔韧性储备"，即所提高的柔韧性水平应该稍微超过完成动作时的最大限度。但是，超过关节的解剖结构限度的正常灵活性，也就是过分地发展柔韧性会导致关节和韧带的变形，影响关节结构的牢固性。在某些部位，柔韧性的过分发展甚至会影响到运动员的体态。

（2）兼顾相互联系部位。柔韧性的发展要兼顾有相互联系的部位。在有些动作中，柔韧性的表现不仅是在一个关节或一个身体部位，而是涉及几个相互有联系的部位。例如，体操中的"桥"就是由肩、脊柱、髋等部位的关节决定的，因此应该对这几个部位进行发展。如果其中某一部位稍差，可以通过其他部位的有效发展得到补偿，这样做也可以使运动员身体各部位得到协调发展。

（3）持之以恒地练习。柔韧性发展较快，但是停止训练后，肌肉、肌腱、韧带已获得的伸展能力消退也快，因此，柔韧性的训练要经常进行。如果训练的任务仅是为了保持已达到的柔韧性水平，那么每天的练习可以少安排一些，有些练习可在课后进行，也可安排在训练课的准备活动、基本部分的结束阶段进行，还可以放在其他练习之间的间歇，特别是力量练习和速度练习之间的间歇时进行。这样既可以调节其他练习对身体产生的影响，同时又由于身体各部位已活动充分而获得良好的柔韧性训练效果。

（4）循序渐进地练习。随着柔韧性水平的提高，练习应逐步加大幅度，但不能急于求成。由于肌肉、韧带等的伸长不是一朝一夕就能达到的，所以应逐步提高要求。直接拉长肌肉时可能会出现疼痛现象，对此要进行具体分析，只能以原有水平作为衡量标准，不能急于求成。在同伴帮助下进行被动性练习时更应谨慎，避免肌肉韧带拉伤。

（5）做好准备工作。肌肉伸展与肌肉的强度有关，通过准备活动提高肌肉的强度、降低肌肉内部的黏滞性，有利于柔韧性的发展。

（6）结合其他素质进行练习。素质的发展相互间有转移的现象，运动器官的生长发育也会影响各种素质之间的关系，因此柔韧性练习要与发展其他素质的练习、协调性练习结合起来，使之相互促进，朝有利的方向发展。

（7）其他因素对柔韧性的影响。要注意外界温度对柔韧性的影响，以及一天中安排的时机和疲劳对柔韧性的影响，以取得柔韧性练习的最佳效果。

第四节　不同竞技项目的体能训练

一、足球运动员的体能训练

（一）足球运动项目与足球运动员的特性

1. 足球运动项目的特性

（1）整体性。足球比赛每队由11人上场参赛。场上的11人思想统一，行动一致，攻则全动，守则全防，整体参战的意识要强。

（2）对抗性。足球运动是一项竞争激烈的对抗性项目，比赛中双方为争夺控制权，达到将球攻进对方球门，而又不让球进入本方球门的目的，尤其是在两个罚球区附近，时间、空间的争夺更是异常凶猛，扣人心弦。一场高水平的比赛，双方因争夺和冲撞倒地次数甚至达到200次以上，可见对抗之激烈。

（3）多变性。足球运动是一项技术上多彩多姿，战术上变幻莫测，胜负结局难以预测的非周期性运动项目。比赛中运用技术、战术时要受对方直接的干扰、限制和抵抗。技战术必须依临场中具体情况而灵活机动地加以运用和发挥。

（4）易行性。足球竞赛规则比较简单，器材设备要求也不高。一般性足球比赛的时间、参赛人数、场地和器材也不受严格限制，因而是全民健身中一项易于开展的群众性体育运动项目。

2. 足球运动员的特性

（1）足球运动员的体能特性。随着足球全攻全守型打法的确立，比赛要求运动员不断地进行交叉换位、互相补位、随机策应和反复冲刺跑，在激烈对抗中快速完成技战术动作上百次,比赛强度非常大。一场比赛中,球员的跑动距离在9~14km,平均为10.8km。在整场比赛中,球员的运动状态也是多种多样的,包括站立、走动(4km/h)、慢跑(8km/h)、低速跑(12km/h)、中速跑(16km/h)、高速跑(21km/h)、冲刺跑(30km/h)、后退跑(12km/h)等多种运动形式。其中,站立、走动、慢跑、低速跑和后退跑等以有氧供能为基础,并在比赛中占大量比例;高速跑、冲刺跑以无氧供能为基础,虽然所占比例较小,但在足球比赛中却是十分重要的。因此,足球运动具有以有氧供能为基础,无氧供能为关键的供能特点。

第一,体能的特异性。足球运动的体能与其他运动项目相比有一个明显的区别就是"间歇性",即运动员各种强度的跑动总是伴随着不同时间的间歇,所以不能简单地照搬其他项目的体能训练方法,而是要通过特有的手段去发展适合足球运动特点的体能。其生理学机制在于适应过程的专项特异性。适应性反应的专项特异性不仅表现在身体素质和植物性神经系统能力的发挥方面,还表现在心理因素的发挥方面,特别是在完成紧张肌肉活动,又必须用意志来加强工作能力这一方面。此外,足球运动员需要全面均衡地发展有氧耐力和无氧耐力。足球运动员体能是一个有序的开放系统,有氧耐力和无氧耐力是系统的主要组成部分,单方面发展有氧耐力或无氧耐力会使系统失衡,打乱运动员的体能系统,从而影响运动员的竞技状态。

第二,体能的时间局限性。根据竞技状态的周期性规律,最佳体能水平只能保持在相应的时间段,这就是体能的时间局限性。足球运动员体能的产生与发展过程就是其有机体的应激和适应过程。在足球专项训练中存在着两种适应性反应:急性但不稳定的反应与长久且相对稳定的反应。通过短期体能强化训练,可刺激运动员机体产生急性适应性,但这种通过专项强化训练获得的体能有极大的不稳定性。因为这种适应性反应是通过高强度的专项负荷获得的,是以超量恢复为其表现特征的,并不是建立在各种器官、系统的肥大与变异的基础上,即生物学的形态改造上,这就导致体能存在着时间局限性。

第三，体能的个体性。足球运动员按其场上的区域主要划分为前锋、前卫、后卫、守门员四个不同位置。各个位置的球员在比赛场上发挥的作用是不同的，因此表现出来的活动方式也是不同的。由于四个位置的不同功能和球员在整个球队中作用的不同，他们在体能上也存在着差异，这就是体能的个体差异性。从一场比赛中球员的活动情况来看，前锋队员在加速、爆发力等能力上更加突出；前卫队员在有氧中高强度跑及灵活性等方面比其他位置的队员更加突出；后卫队员的体能表现出爆发力及有氧中低强度跑方面的优势；而守门员的体能则体现在身高、体重、爆发力和反应速度方面。

第四，体能的整体性。足球运动员体能的综合性表现在两个方面：①足球运动员在比赛训练中体能的外在表现是多因素综合作用的结果，如果运动员具有保持长时间活动的能力，不但与运动员有氧耐力有关，还与运动员的肌肉耐力、恢复能力以及意志力等有密不可分的关系。只强调单一因素的作用，往往会陷入误区。②足球运动员的体能除受能量供应系统的影响，恢复手段、营养、心理等因素也都会影响运动员的体能周期变化和外在表现。解决运动员的体能问题不仅从生理机能方面考虑，还要从心理方面考虑。

（2）足球运动员的形态特性。足球运动员的身体形态总体上为粗壮型，身材高大、壮实是高水平球队的一个明显特征，但不同地区、不同运动员之间的差异很大，因此球队中运动员的身体形态的合理差异性是高水平球队的又一个重要特点。从足球运动员的长度指标、体格指标和围度指标来看，我国优秀足球运动员的身体形态主要的特征表现为身材高大、体格健壮、肌肉细长并富有弹性、脂肪层薄、踝关节围度小、跟腱清晰和足弓高。

（3）足球运动员的机能特性。器官系统在活动中所表现出的能力大小是运动员体能的一个重要方面。足球运动的身体机能可以从多个角度进行分类，如身体各器官系统、运动中的耗氧性质或有氧无氧与肌肉做功系统综合分类等。足球运动员的机能特性具体如下：

第一，足球运动员有氧无氧混合供能特性。由于职业足球比赛中运动形式的复杂性，足球运动员的体能由多种机能能力综合完成。有氧供能与无氧做功是足球运动能量代谢的一个特点。足球比赛中混合供能的特点是有氧供能在量上占绝对优势，但在重要性上无氧供能明显。

第二，足球运动中有氧能力与无氧能力的对立统一关系。有氧能力与无氧能力是对立统一，关键是要能区别足球比赛中供能与做功的特殊规律。足球比赛中有氧能力并不排斥大量的无氧做功，这些无氧做功既是无氧能力的基础，也可纳入有氧能力的范畴。在此基础上，有氧与无氧能力既是对立的也是统一的。足球比赛的高强度、短间歇、短距离、高能耗的特点正是这种专项能力结构形成的基础，因此训练必须与实际运用一致。

（4）足球运动员的素质特征，具体如下：

第一，专项力量素质。足球运动员的力量素质除了表现出竞技运动众多项目中所共有的特性外，更主要的是体现出足球运动本身所需要的快速力量，即肌肉迅速收缩和伸展的能力，且具有很高的灵活性及准确性。

第二，专项速度素质。速度是足球运动中最为重要的素质，是运动员在比赛中争取时间优势的重要条件。就足球运动而言，速度素质应具有反应快、起动快、急停变向快、动作衔接及动作转换快和绝对速度快等特点。

第三，专项耐力素质。耐力素质所表现的是运动员机体对氧的代谢能力。从足球运动比赛时间及规律上看，可分为一般耐力和专项速度耐力，其中专项速度耐力在足球运动中占有重要地位。

第四，专项灵敏素质。足球运动对运动员在灵敏素质方面所提出的要求主要是快速、协调、准确。只有具备了这些素质，才能与足球运动所需要的反应速度快、应变能力强的专项特点紧密结合，从而促使运动员技术、战术水平的发挥。

第五，专项柔韧素质。柔韧素质在足球运动中所表现出的意义主要是要求运动员关节韧带，特别是腰、胯、膝、腿、踝关节韧带的韧性强。这对运动员加大实战技术动作强度、幅度，减少运动员机体受伤有着积极意义。

（二）足球运动员体能训练的内容

足球是一项对身体素质水平要求很高的运动项目，它属于既要求速度、灵敏性，又需要力量、爆发力和耐力的少数几个项目之一。高水平运动员在一场比赛中跑动距离超过14km，同时，还需要进行频繁的加速、减速、改变方向和跳跃。由此可见，体能是足球运动员、从事技术与战术训练的基础。

身体素质对各个级别的足球运动员而言是非常重要的，对顶尖运动员来说更是必需的。对初学者而言，进行身体素质训练并达到一个好的标准，可以提高他们在运动中的动作有效性和在运动中享受快乐。足球运动员进行体能（身体素质）训练的目的就是使其能够应付比赛对身体机能的需求，在整场比赛中能合理、有效地发挥技战术能力和水平。

1. 足球运动员的力量训练

（1）速度力量。练习强度为75%~90%，练习时间为5~10s，间歇以完全恢复为宜，重复次数为4~6次，练习组数为3~4组。

（2）力量耐力。练习强度为60%~70%，练习时间以15~45s为宜，间歇为一般心率恢复到120次/min左右，重复次数为20~30次，练习组数为3~5组。力量耐力具体如下：

第一，发展颈部、上肢、肩背力量的练习：①两手扶头，在颈部转动时给予抵抗力；②俯卧撑（可以双手撑在健身球上做）；③引体向上；④俯立飞鸟；⑤卧推（水平、上斜、下斜，宽握、中握、窄握、正握、反握）；⑥哑铃／杠铃弯举；⑦俯立哑铃臂屈伸（宽握、中握、窄握、正握、反握）；⑧杠铃俯立划船（单臂哑铃划船）；⑨对坐，两腿分开，互抛实心球（先离心后向心）。

第二，发展腰腹力量练习：①仰卧起坐（加转体）、仰卧举腿（斜板）；②侧卧体侧屈、侧卧双腿上举、俯卧做体后屈（同时可抬腿）；③跳起空中转体、收腹头顶球；④展腹跳；⑤肩负杠铃体前屈、转体。

第三，发展腿部力量练习：①各种跳跃练习（立定跳、多级跳、蛙跳、助跑跳、肩负杠铃连续上跳、跨步跳、跳深）；②肩负杠铃提踵、半蹲；③快速摆动大、小腿，可绑沙袋，也可采用橡皮筋增加阻力；④远距传球、射门练习；⑤骑人提踵；⑥杠铃剪蹲（步子跨大些，主要锻炼股四头肌、股二头肌和臀大肌；步子跨得小些，主要集中锻炼股四头肌）；⑦悬垂举腿。

2. 足球运动员的速度训练

速度训练的运动负荷要求：练习强度为95%～100%；练习时间以3～10s为宜；间歇时间视训练目的而定，可完全恢复或不完全恢复；练习重复次数为6～8次；练习组数为3～5组。足球运动员的速度训练具体如下：

（1）各种姿势的起跑（10～30m）。

（2）在快速跑或快速运球中，听、看教师信号，做急停、转身、变向、跳跃、翻滚等动作。

（3）利用快速小步跑、高抬腿跑、顺风跑下坡跑、牵引跑等练习，突破速度障碍。

（4）全速运球跑、变速变向运球跑。

（5）绕杆跑、运球绕杆。

（6）利用简单的战术配合练习速度。

（7）抢球游戏。全队分为两排，相距20m，面对站立，在中间10m处画一条线，每隔2m放一球，队员依次面对球站好。当教练员发出信号后，双方快速跑上抢球。球抢得多的一方为胜。

（8）追球射门。队员两人一组，可分为若干组在中圈外的中线两侧站好，利用两球门同时练习。球集中于中圈教练员脚下，当教练员将球向一个球门踢出并同时发出口令时，两翼队员快速起动追球射门。要求未拿到球的队员必须紧追持球队员，并在持球队员射门后仍前跑至球门线处，以利于发展速度和加强射门意识。

（9）提高动作速度的练习，即规定最高速度指标的练习。如在教练员限定的时间内快速完成传—接—传、运—传—射门等动作，以建立快速动力定型。肌肉感觉的快速精确分析机能练习。两人或多人一组，在连续奔跑中完成同一传接球练习。加大练习密度，如在较小场地内做2对2、3对3的传抢练习。

3. 足球运动员的耐力训练

（1）有氧耐力训练，具体如下：

第一，有氧耐力训练有小强度持续法和间歇法两种：①持续训练法要求。练习强度为40%~60%，练习时间为25min以上，距离为5000~10 000m。②小强度间歇法要求。练习强度以150次/min为宜；练习时间为30~40s；间歇要求不完全恢复，一般脉搏恢复到120次/min为宜；练习次数为8~40次；练习组数为1组即可。

第二，有氧耐力训练的具体练习方法为：①3000m、5000m、8000m等不同距离跑；②定时跑（如12min跑）；③穿足球鞋长距跑；④100~200m间歇跑，400~800m变速跑。

（2）无氧耐力训练，具体如下：

第一，无氧耐力训练常采用次大强度间歇法训练。无氧耐力训练要求：练习强度为80%~90%；脉搏为180~200次/min；练习时间为20~120s；间歇要求不完全恢复，脉搏一般在120次/min左右；练习次数为12~40次；练习组数为1~2组。

第二，无氧耐力训练的具体练习方法为：①30~60m重复多次冲刺跑；②100~400m高强度反复跑；③各种短距追逐跑；④进行5m、10m、15m、20m、25m折返跑；⑤往返冲刺传球；⑥规定时间做不同人数抢传练习。

4. 足球运动员的柔韧素质训练

柔韧训练的运动负荷组合要求为：练习强度开始以中等强度为宜，最后可达80%以上；练习时间每次可控制在10~20s，时间不宜太长；间歇要求完全恢复，可做积极性放松活动；重复次数以5~10次为宜。练习组数以3~5组为宜。足球运动员的柔韧素质训练具体如下：

（1）颈前屈、侧屈、后屈并绕环，体前屈、侧屈、后屈并振动。

（2）前弓步和侧弓步压腿，纵劈腿和横劈腿。

（3）前踢腿、后踢腿、侧踢腿和腿绕环。

（4）站立体前屈下压，或靠墙站立体前屈下压。背伸、展腹屈体练习及腿肌伸展练习。

（5）模仿内外颠球动作，单双腿连续做内翻和外翻练习。模仿内扣和外扣动作，单腿连续做内转、外转动作。

（6）两腿交叉的各种跨步、转身动作。

（7）踢球、顶球、抢截球等各种技术动作的模仿练习。

（8）跪压正脚背（上体后仰轻轻振压）及全脚背着地的俯卧撑练习（主要拉长脚背韧带和小腿前肌群）。

（9）模仿和结合球的大幅度振摆腿、铲球、侧身踢凌空球及倒钩射门等练习。

二、篮球运动员的体能训练

（一）篮球运动项目的特性

篮球运动是一项以投篮得分为目的、攻防快速多变、运动强度大、身体对抗激烈的技能类项目。

1. 篮球运动项目的整体协作性

整体协作性即所谓的集体协作性。现在篮球运动更加强调集体的智慧与技能，注重发挥团队精神、核心战斗力与队伍风格。整体协作性主要表现在攻防战术指导思想的要求下，运动员的任何行动都从球队的整体需要出发，更加积极、主动，强调与同伴之间的通力协作与配合，将个人的技战术能力融入集体的协同配合，实现共同的战术目的。强调集体协作性并不是抹杀球员个人的攻守能力，而是积极为球员个体提供有效、持续的有利环境与条件，发挥运动员个人的积极性与能动性。

2. 篮球运动项目技战术运用的开放性

现代篮球比赛对运动员的智商要求非常高，运动员技战术运动的开放性更高。因此，运动员能根据攻防双方的情况，迅速做出有针对性的策略调整，灵活运用技战术，表现出较高的攻防效率。

开放性表现在比赛中能最大限度地充分、合理地发挥自身的技战术优势,并限制对手优势的发挥,处于相对优势的地位。篮球比赛中,攻防双方之间的行动迅速,势必需要运动员能从观察、判断、思维、决策到技战术的运用上,特别是在强烈的身体对抗下,技战术运用的开放程度要更高。比赛级别越高,这种要求越明显,开放的程度越高。运动员运用技战术的开放程度越高,在进攻端的技战术表现为威胁更大、方法更为简单、成功的可能性更大,能够创造性地调整技战术应对策略,有效地发挥个人以及球队的特长,放大技战术运用的实际效果,在激烈复杂的对抗下始终掌握比赛的主动权。

3. 篮球运动项目的对抗性

篮球比赛是在 $420m^2$ 的区域内展开的、地面与空间的、近身进行的获得球与反获得球、追击、抢夺、限制与反限制、高强度的激烈对抗性的运动。现代篮球运动的职业化程度越来越高,商业气息较浓,对抗更激烈、强度更大。就对抗的形式、内容、方法而言,现代篮球运动都发生了极大的变化。从体能、技术、战术、心理等构成竞技能力的各个要素来分析,现代篮球运动的对抗在这几个方面都有新的、不同的改变。

现代篮球比赛在球权的争夺、抢位、控制空间地面与空间的控制上形成更为激烈的立体化对抗。在无球对抗方面,表现为无球对抗意识强,强调运动员具备进攻时的摆脱跑位、防守时的选位、卡位的对抗意识和能力,大量采取错位的、集体协防的、强度大的防守。在有球对抗上,持球队员在强对抗下的控制球与支配球的能力较强。现代篮球运动强调对有球队员要紧逼防守的理念,使对抗更加直接、激烈。

4. 现代篮球项目的节奏性

节奏是篮球比赛最为突出的特征之一,是取得比赛主动权和获得胜利的重要因素。由于受到风格、环境、心理以及体能等因素的影响,具有复杂性与动态的易变性。在节奏的重要性上,国内外的一些教练提出,比赛节奏的转换是现代篮球战术实施的一个重要问题。节奏的变化规律为球队的正确决策、争取比赛的主动权、捕捉战机等提供了理论上的依据。

现代篮球比赛的节奏能够更多地体现出针对性、合理性、策略性。各个球队主要以核心队员为主制订攻守节奏的策略，在比赛中结合实际需要主动进行调整，这种调整更多的是队员之间有意识、默契的变化，不需要特意的安排与部署，在一定程度上反映出队员对比赛的阅读能力及驾驭能力。现代篮球比赛节奏的新特性建立在运动员充沛的体能基础上。

5. 现代篮球项目的多变性

篮球运动是一项动态性的运动，不断变化节奏与方向，力争主动是现代篮球运动的基本规律和特点。"变"是篮球运动的灵魂，"动"是"变"的基础。现代篮球运动的多变性主要体现在进攻战术的多变性和防守战术的多变性。针对篮球整体与队员的特长及对手的布阵与特点，应适时变化攻守战术，掌握攻守的主动性。只有不断主动或者应变运用战术，才能在攻守对抗中抢得先机。

6. 现代篮球项目的准确性

篮球运动需要高度的准确性，以投中作为最终目标。除了高命中率，现代篮球运动拓展了准确性的内涵与外延。准确性不仅表现在中远距离的投篮能力，更体现在技战术运用的准确性上。

首先，技战术的准确性是在强烈对抗的状况下实现的。对抗是篮球项目的最基本特征，比赛的全过程始终处于对抗之中，运动员的技战术是在对手身体、技术、战术等对抗情况下完成的。其次，运动员在与同伴的协同配合中表现技战术的准确性。篮球比赛是一个动态的变化过程，运用技战术的目标也处于动态的变化中，需要运动员正确观察、判断同伴的变化，同时需要同伴提供及时的默契支援与配合，才能够提高对抗中技战术的准确性。

（二）篮球运动员的体能特性

运动员的专项体能主要是指与专项训练及特殊的比赛任务紧密联系的、运动员为圆满完成特定的训练比赛任务而必须具备的特殊体能。因此，篮球运动员的专项体能是运动员经先天遗传与后天训练形成的，并在篮球运动中表现出来的机体持续运动的能力。这种特殊体能与运动员机体形态结构、系统器官的机能水平、运动素质水平、能量物质储备、基础代谢水平、心理因素与意志品质以及外界环境等密切相关。竞技体育技能类项群理论研究表明，体能在运动员的竞技能力构成中居于重要地位，是运动员能否在专项竞技运动比赛中取得优异运动成绩的关键因素。

篮球运动员的体能是以三大功能系统为能量代谢活动的基础，通过骨骼肌的活动所表现出来的运动能力。运动员体能水平的高低是由身体形态、生理机能、运动素质三个方面决定的。身体形态与生理机能是体能的物质基础，身体素质是体能的外在表现。因此，运动员的体能水平是力量、速度、耐力、灵敏和协调等运动素质综合表现的结果。现代篮球运动的项目特征决定着这些身体素质对该项目的贡献是不同的，表现在运动员不同的位置分工、项目的整体要求上。因此，现代篮球运动的体能表现出一定的项目特征。

1. 篮球运动员的形态特性

篮球运动是"巨人"的游戏，现代篮球运动员身高的特殊作用愈显重要，篮球运动员身材越来越高已成为一种必然的发展趋势。高度和体重的增加是为了提高控制和支配球的能力。有了身高，篮下控球就有优势，在实施进攻战术体系中才能有效地发动快攻，提高掩护质量及篮下攻击能力。

2. 篮球运动员的机能特性

身体的机能水平是体能结构的基础环节，并且制约着体能的发挥。身体素质是体能的集中体现，也是反映体能水平的重要指标。我国以往对运动员身体素质的诊断测试沿用了多年来冬训中一直运用的身体素质的测试内容和评分标准，而现行的机能测试能更准确地反映身体素质的状态。身体机能测试主要包括四个方面的指标：呼吸机能；心血管系统的机能与血红蛋白的含量；血清睾酮；有氧代谢与无氧代谢机能。

3. 篮球运动员的素质特性

国际上的篮球强队，各个位置上的运动员都具备出色的身体素质，随着比赛强度不断加大，对运动员的身体条件提出了更高的要求，需要具备全面的身体素质才能够适应、满足高强度、强对抗比赛的需求。

体能水平是身体素质综合表现的结果,运动员个体之间存在较大的差异,表现出体能水平的主导作用。身体素质具有个体差异性,有的运动员力量好;有的运动员速度快;有的运动员耐力出众;有的运动员属于综合型,没有过于突出的身体素质,但是较为全面。

(三)篮球运动员体能训练的方法

1. 篮球运动员的速度训练

(1)篮球运动员的速度特点及训练要求。篮球的跑不同于田径的跑。跑时既要看同伴,又要看对手;既有跑步,又有滑步;既有向前跑,又有向后跑;既有正着跑,又有侧着跑。这些都对篮球运动员的速度训练提出了不同的要求。篮球运动的速度特点主要表现为以下方面:

第一,连续反复地快速冲刺。

第二,身体重心低,反复变速变向。

第三,起动速度快,在短距离内能发挥最大速度能力,长时间变速能力强。

起动速度、加速跑速度和速度耐力是篮球运动员速度训练的重点。因为篮球场只有28m长、15m宽,所以要清楚地认识到影响这类速度的主要因素是躯干的固定平衡力量、髋、膝、踝关节的爆发力及上肢的摆动力量。根据篮球运动速度的特点,篮球运动员的速度训练应要求:①着重发展动作的频率;②培养运动员对时空的反应判断能力,以提高反应起动速度;③快速跑动应与技术动作协调;④速度训练应安排在训练前期进行。

(2)篮球运动员速度训练的方法。篮球运动员的速度训练要与其他手段相结合进行,如与发展最大力量、速度力量和完善动作技术(起动、滑步、急停等)结合;专项速度必须与专项技能的完善相结合。篮球运动员的速度训练应着力于提高场上的起动和快跑以及无氧供能能力。篮球运动员速度训练的方法具体如下:

第一,小步跑、后踢腿跑、高抬腿跑、交叉步跑、后退跑或原地快速中突然改变为加速跑。

第二，10m、20m、30m、100m加速跑或变速跑。

第三，根据教练员手势或信号，做传球或运球的快速起动和急停。

第四，5~8m往返跑或全场四点折回跑。

第五，快速运球上篮或全场运球3~4次上篮。

第六，两人一组站在端线外，前后相距2~3m，根据信号，前面的队员快速运球上篮，后面队员全力追赶，尽可能追上，将球抢到手，或干扰他的动作。

第七，传球或运球的接力赛。

第八，两人一组端线开始，全场三传上篮，往返2~4次为一组。

第九，多种脚步动作的转换练习。

第十，队员站在端线外，教练员向前场传高吊球或地滚球，一人迅速起动加速跑，接球上篮。

第十一，合理的负重力量练习。

（3）篮球运动员速度素质训练应注意的问题，具体如下：

第一，速度素质应结合篮球专项的特点才能奏效，教练员首先要了解自身专项速度的特点，观察自身专项是以哪一类速度为主，以哪一种表现形式为主。

第二，提高篮球运动员速度素质应注意其年龄特征。

第三，注意合理安排篮球运动员速度素质训练的顺序与时间。

第四，注意以发展力量和柔韧性来提高篮球运动员速度素质。

第五，注意进行速度练习时人体要处在适宜的工作状态。

第六，提高篮球运动员速度素质应重视肌肉放松。

第七，正确预防和消除"速度障碍"。

第八，篮球运动员速度素质训练应结合专项进行。

2. 篮球运动员的力量训练

（1）篮球运动员力量训练的特点和要求。人体要发挥最大力量和最大爆发力，不是某一环节的问题，而是各运动环节、各工作肌群间的协调配合与共同用力综合结果。篮球运动员的力量素质具有全面的特点，要求上肢、下肢、腹部、背部肌群均衡发展，主动肌、对抗肌和协同肌都要加强训练。

篮球运动员的力量训练要符合篮球运动的专项特点。例如，下蹲的力量性质与篮球专项的急停起跳力量相差甚远。篮球运动员的膝关节损伤通常不是伸膝力量不足造成的，而是缓冲力量（退让力量）不足造成的。篮球运动员的力量训练要注意选择肌肉收缩方式与篮球专项运动相一致的练习手段。力量训练要力求选择与篮球运动技术结构相一致的动作方法，并力求将运动员的最大力量、快速力量转化为专项力量能力，即专项跑跳能力和对抗能力。

（2）篮球运动员的力量训练的方法，具体如下：

第一，常用的训练方法：①最大负荷法。主要采用大重量进行训练，即最大负荷量的90%~100%的负荷做1~2次练习，其做8~10组练习可很好地发展最大力量；②金字塔训练法。使所负重量不断增加，直到极限，这样训练力量可快速增长。

第二，快速力量常用的训练方法，具体见表4-4。

表 4-4　快速力量常用的训练方法

主要方法	具体内容
大负荷训练法	不但能使最大力量得到提高，而且能使中枢神经系统发放的冲动强度大幅度提高，能最大限度地激活运动单位，尽可能达到目的和同步的活动
中小负荷训练法	可以使肌肉产生快速收缩，但是这种方法产生的刺激强度还不足以诱发足够的神经冲动发放频率完成全部单位的缉获。因此，大负荷优于中、小负荷训练法，但中、小负荷的训练是力量训练很好的补充
大幅度训练法	增加运动员练习动作的用力距离，在训练中可通过改进动作技术和提高身体各部位关节柔韧性来实现
超常训练法	肌肉先进行快的离心收缩，紧接着爆发性地完成向心收缩，这对提高运动员的支撑能力、快速力量有着其他训练方法无可比拟的独特训练效果

第三，腿部力量与弹跳力训练：①减负杠铃做半蹲或全蹲，一般为最大负荷的80%左右，重复3~4次，慢蹲快起，躯干正直，防止塌腰翘臀，注意保护；②肩负最大负荷量的40%~50%的杠铃在软地或地毯上做半蹲跳8~12次，做4~6组，跳起要快，脚踝要绷直；③肩负最大负荷量的40%~50%的杠铃做箭步交换腿跳；④徒手或负重，做单腿深蹲起；⑤徒手或肩负做单足或双足的各种连续跳、多级跳。

此外，前脚掌、脚弓、踝关节和小腿肌群的爆发力对篮球运动员的弹跳力也很重要，可以通过负重（95%）提踵、跳栏架、原地双脚跳起摸篮板来提高。

第四，提高腰腹力量：①仰卧斜板起坐，即仰卧屈膝起坐、仰卧做"元宝"收腹折体（双手在碰着腰背）、仰卧双手握住同伴的双踝做收腹举腿（同伴双手用力将练习者举起的腿推下）、俯卧"两头起"（尽量出背弓）。②纵俯卧跳马端，下肢悬于马头，做向上举腿成反弓状。③单杠上，双臂悬挂，做收腹举腿成90°并保持4~5s。④宽握杠铃，做直臂直举40~50kg杠铃。⑤肩负杠铃，做体前屈起（不准弓腰起）；肩负杠铃，做转体，脚平行开立稍宽于肩，直膝转体，脚掌不能动。⑥向头后抛掷实心球。

（3）篮球运动员力量素质训练应注意的问题，具体如下：

第一，力量训练的方法、手段应与专项动作特点紧密结合。侧重于动力性练习，要与速度、弹跳、灵敏等素质和篮球技术的练习结合进行，使力量成为活力。

第二，在力量训练中，要注意集中与分散安排相结合，避免局部负担过重，注意大小肌肉群平衡发展。注重速度力量的训练与发展，同时要考虑运动员特点、年龄、性别、训练程度，做到有针对性地合理安排。

第三，力量训练时要注意安全，防止伤害事故。在负重练习前要充分做好准备活动，训练时集中精神，要掌握正确的动作要领，循序渐进，加强保护。

第四，力量训练要坚持经常性和注意训练间歇。力量增长快，停训后消退也快。每周安排1～2次力量训练，可以保持力量素质；每周安排2～3次力量训练，可以提高力量素质；每周3～4次力量训练，可以显著提高力量素质。可以用"超负荷训练"获得超量恢复，达到迅速发展力量的目的。

第五，力量训练中要注意练习安排的顺序，速度力量练习应安排在力量耐力练习前面进行。

第六，力量训练后，要特别注意使肌肉放松。肌肉在力量训练后产生酸胀感，肌肉酸胀，肌纤维增粗现象的反映，也是力量增长的必然，但应采取积极措施消除肌肉的酸胀感，以利于减少能量消耗，并更好地保持肌肉弹性。训练时要按身体不同部分的肌肉交替穿插进行，同时注意安排放松练习。训练后要采取按摩、淋浴等必要的恢复手段，培养运动员自我放松的习惯。

3.篮球运动员的耐力训练

（1）篮球运动员的耐力特点及训练要求。篮球运动员的耐力素质主要以糖酵解的供能形式为主，因此篮球运动员的耐力训练要以最大乳酸能和机体耐酸能力的训练为主，有氧供能的训练为辅。有氧供能的训练是糖酵解供能训练的基础。有氧供能能力强，运动员在比赛和训练中的恢复能力就强。但是，必须认识到无氧供能和无氧—有氧混合供能，是保证篮球运动员在比赛中保持长时间快速运动能力的物质要素。

根据篮球运动耐力的特点，篮球运动员耐力训练的要求主要有：篮球运动员的耐力训练首先要提高有氧耐力水平；篮球运动员的耐力训练要突出专项耐力；准备阶段前期应更多地发展有氧耐力；准备阶段后期及赛前阶段则着重发展无氧耐力。

（2）篮球运动员耐力的训练方法。发展篮球运动员一般耐力的途径是提高运动员的摄氧、输氧及用氧能力，保持体内适宜糖原和脂肪的储存量以及提高肌肉支撑运动员器官对长时间负荷的承受能力。发展一般耐力经常采用持续匀速负荷和变速负荷的方法，负荷强度一般应控制在接近无氧代谢的强度，心率控制在160次/min左右。篮球运动员耐力的训练方法具体如下：

第一，持续负荷法。发展篮球运动员专项耐力训练要特别注意专项总体代谢特点，一般以发展非乳酸性无氧耐力为主，采用95%左右强度、心率可达180次/min的训练方法，重复组数可达5~6组，重复次数宜比组数少一些。

第二，间歇负荷法。这种训练方法主要提高有氧代谢水平，心率控制在160次/min左右，其方法有匀速跑、变速跑、超越跑、折返跑。这种训练方法为有氧—无氧混合代谢。负荷采用50%左右的有氧和50%左右的无氧，心率上限为28次左右/（10s），间歇时间是在没有完全恢复的情况下再进行下一次练习。方法有400m跑、100m快速跑、100m放松跑，反复进行；40s左右的各种连续跑，重复进行。

第三，重复负荷法。重复负荷法主要提高无氧代谢水平，负荷的最大心率达28次（10s）以上，组间休息5min，心率下降至15次（10s）左右再进行下一次的练习。方法有5~10组400m计时跑，不同强度的重复练习。

（3）篮球运动员耐力素质训练时应注意问题，具体如下：

第一，篮球运动员耐力素质训练中有许多单调重复的训练方法，难以使运动员的耐力得到较好的发展。因此，训练方法的选择及其所占百分比要根据篮球这个运动项目的特点来确定，还要根据个人的训练状态和队员在场上的位置、任务以及耐力训练的各个重点目标来确定。

第二，篮球运动员的个人意志控制能力也决定着耐力素质的发展。个人意志控制能力越高、越稳定，越有利于克服自身体内以及外部的不利因素而承受较大负荷，从而提高运动员的耐力素质。因此，教练员在训练中必须掌握现代耐力训练对篮球运动员所必需的心理学知识和提高运动员心理负荷能力的方法。

第三，有氧代谢供能是所有供能系统的基础。通过训练增强篮球运动员有氧代谢能力，在初期应以增强心肺功能为主。对具有一定训练水平的运动员，应以增强在进行篮球运动时骨骼肌利用氧的能力为主，提高肌肉自身工作的耐力。

第四，篮球运动员在进行耐力训练时，身体承受的负荷较大，因此每次训练后都要采取积极有效的恢复措施和营养手段，并养成良好的生活习惯。

第五，篮球运动员身体训练中运用心率监控运动负荷，能充分体现个人对运动负荷的反应差异，有利于教练员区别对待，也易于运动员自身掌握和应用。

三、排球运动员的体能训练
（一）排球运动项目的特征

排球运动是一项两队在由球网分开的场地上进行比赛的项目。其目的是将球从球网上空击过并使球在对方场区落地，而阻止对方达到同样目的。每队有三次机会将球击过球网（拦网击球除外）。比赛由发球队员把球发过球网进入对方场区空间开始，直至球落在比赛场区、出界或对方不能将球有效击回为止。胜一球的球队得一分（每球得分制）。接发球队胜一球时，得一分并获得发球权，同时队员沿顺时针方向轮转一个位置。

排球运动既可在室内进行，也可在室外进行，适合终身参与。它兼具速度感、刺激性与爆发式动作，能够充分展示参与者自身的能力、精神、创造力和美感，受到了不同年龄段人群的喜爱。在当前世界最高水平的竞技层面上，排球已发展成为一项体现爆发式力量性技巧的运动，它需要顽强的竞技精神和默契的团队协作，是高度与力量、速度与技巧、全面与变化的完美结合。对于业余爱好者来说，排球运动的目标就是使排球在空中飞舞，他们在本方球网一侧击球不让它落地，并将球打到球网另一侧，使对方无法再次将球击回而得分。

总体而言，排球运动属技能主导类的隔网对抗性集体项目，以技能为主导和集体隔网攻防对抗是排球项目特征表现的两大方面。与同为大球运动的篮球和足球相比，对抗中身体的非接触性、击球部位的全身性、触球时间的短暂性、击球次数的有限性、击球时球的空中运动性和击球效果的得失分两重性是排球运动的显著特征；而与同为隔网对抗类的乒乓球、羽毛球和网球项目相比，攻防对抗中两人以上的集体性严密、精巧配合则是排球运动的突出特征。

（二）排球运动员体能的特征

1. 排球运动员的机能特征

排球运动员身体的机能水平是指运动员的身体健康状态、有机体各器官系统的机能、运动员有机体承受大负荷训练比赛的生理抗疲劳能力和恢复能力。

排球比赛中运动员的平均心率为148次/min，最高心率为180次/min，排球比赛基本上属于中等强度的负荷。由于排球比赛的时间长，对抗激烈，且技术动作复杂多变，对运动员的中枢神经系统、心血管系统和呼吸系统的要求很高。在完成大强度爆发性用力扣球、拦网等动作中，主要募集快肌纤维。排球比赛每个回合的工作时间持续4~30s（平均约9s），前后两分之间的间歇时间持续10~20s（平均约12s），每场比赛约持续1h29min，工作期与间歇期之比一般为1∶1.3。

工作期90%的时间使用ATP-CP系统，无氧酵解只为高强度的肌肉工作提供10%的能量。如果两分之间（也可能是替换和暂停期间）的时间较长，运动员能在间歇期以有氧代谢的形式补充细胞内的ATP和CP储备。总之，排球运动（包括工作期和恢复期）的全部能量需求由三个产能途径按以下比例提供：ATP-CP系统（40%）、无氧酵解系统（10%）、有氧代谢系统（50%）。所以，排球运动员应该以建立在坚实的有氧健康基础上的出色无氧系统能力为目标来设计体能训练计划。

2. 排球运动员的形态特征

排球运动员的身体形态特征是指运动员身体的长（高）度、围度和身体成分等指标的构成特征。排球运动运动员的身体形态特征是身材高、四肢较长，而坐高较短、皮质层薄、体脂肪量小、去脂体重及体质密度大、臂长、上肢围松紧差大、手较骨盆相对较窄、小腿长、踝围细、跟腱长、足宽而不长。随着排球运动的发展，人们在实践中逐渐认识到，不具备肢体的围度、身体充实度等指标的体形优势的排球运动员很难在拦网、扣球等网上对抗中体现力量优势。因此，排球运动员的身体态特征在上述要求基础上还应该强调"匀称、结实"这一直观的外在感觉，体重指数不能低于正常标准（BMI 在20~24）。

3. 排球运动员身体素质的特征

排球运动对运动员的身体素质具有鲜明的专项需求特点。如果没有高度发展的身体素质，排球运动员即便拥有良好的技术和战术，也不可能在高水平的激烈比赛对抗中展现出应有的竞技水平。

（1）专项力量素质。排球运动是一项体现力量魅力的项目。运动员的大力扣杀，需要出色的弹跳力和强大的腰腹及上肢力量。在激烈的扣篮对抗中，拦网运动员不但需要良好的腰腹力量控制身体在空中的姿态，更需要坚强有力的躯干和手臂去直接拦阻对手的重扣。

（2）专项速度素质。在体现力量魅力的同时，排球也是一项展现速度的运动。当前优秀男子排球运动员的扣球速度已经高达30m/s；战术变化的丰富和攻防节奏的加快迫使运动员不但要在单个技术工作的各个环节上体现出"快"，更要在攻防转换、攻传配合等动作与动作之间的衔接上体现出"快"。如果不能在速度上取得优势，就很难在当今世界高水平的排球竞技中占据一席之地。

（3）专项耐力素质。在一场长达一个多小时的比赛中，排球运动员要完成上百个有短暂间歇的攻防对抗回合，而每个回合的对抗中都需要不断地移动、跳跃，需要具备很高的耐力水平。有氧耐力与无氧耐力相结合，跳得高、移动得快并且要持久，是排球运动员的主要耐力特征。

（4）专项灵敏素质。排球比赛中，运动员既有场上位置的区分和角色分工，又有位置轮转的要求，在每个特定的位置上要面对高低、快慢、变化万千的来球，不仅要顾及前后、左右，还包括空中、地上，跳起能准确传球、扣杀或拦网，倒地能快速、巧妙、准确救球，这些都依赖高度发展的灵敏性。排球运动员所展现的灵敏性和协调能力的独特之处在于在短暂的击球时限内和限定的击球次数内准确地处理人与运动着的球的时空关系。

（5）专项柔韧素质。良好的柔韧能力不但利于提高和发展排球技术，扩大对球的控制范围，也能避免和防止肌肉及关节、韧带拉伤。排球虽然不像体操、武术等项目对柔韧性要求那么高，但由于排球运动员在某些情况下的跨、展、拉、弯等动作的幅度比较大，如跨步抢救低而远的球、展腹和拉臂扣位置偏后的球等，所以也对柔韧性有一定要求。

（三）排球运动员体能训练的方法

排球运动员的体能训练包括身体形态、机能和素质三个方面。排球专项体能是运动员身体形态、机能、素质的一个综合体现。身体形态、机能和素质指标的高低，一方面取决于运动员的先天遗传；另一方面取决于运动员对后天训练刺激的适应程度。身体素质是专项体能的外在综合表现，身体形态和身体机能影响和决定运动素质；反之，运动素质的发展直接影响身体形态和身体功能。

1. 排球运动员的力量训练

（1）发展专项力量的训练，具体如下：

第一，手指手腕力量练习：①手指用力屈伸练习。②手指用力做握网球练习。③单手或双手传足球或篮球。④身体离墙1m左右，用手指做推撑墙的动作。⑤向下抖手腕做拍球练习。⑥提抓铅球或沙袋练习。⑦手持哑铃做腕绕环练习。⑧用小哑铃或杠铃做腕屈伸练习。⑨手指或手掌撑地做俯卧撑练习。

第二，手臂力量练习：①单人各种抛球练习。用前臂和手腕动作将实心球抛起用另一手接住，两手交替进行。双手背后将球抛起过头并接住。双手上抛，转体360°接住。仰卧，双手胸前向上传球，迅速起立接球。双手持球，弯腰从胯下向后上方抛球，转身接球。②双手或单手持球上举，立姿或跪姿、坐姿，直臂或屈臂做向前、向后抛掷实心球练习。③双人推小车比赛，正反向运动，要求身体要平直，手臂应伸直。④俯撑，脚尖固定，两手交换支撑绕圆圈移动。⑤手倒立推起（在同伴帮助下）练习。⑥俯撑，手足同时离地做向侧跳跃移动。⑦双手持哑铃做前平举、侧平举和臂绕环练习。⑧双手持哑铃肩后屈肘上举。⑨徒手挥臂或做掷网球练习。⑩肩上单手或头上双手掷实心球练习。

第三，下肢力量及弹跳练习，主要包括：①单双脚跳绳以及双摇跳绳的练习。②连续蛙跳、跨步跳、多级跳、单足跳练习。③连续跳跃一定高度的橡皮筋或栏架。④跑台阶或双脚连续跳台阶。⑤两人相向半蹲，连续侧滑步移动并做双手胸前传球练习。⑥双脚夹球，跳起小腿后屈向上抛球后用手接球。⑦在海滩、沙地或木屑跑道上及软垫上做各种跳跃练习。⑧肩负队员半蹲起、全蹲起或左右脚交替做高凳上下练习。⑨杠铃负重半蹲快速提踵。⑩脚挂壶铃，做小腿屈伸练习。⑪肩负杠铃坐在凳上，站起，连续做若干次。⑫左右脚交替向前做跨跳练习。⑬两腿深蹲连续向前做蛙跳练习。⑭连续垂直跳起在空中做快速收腹练习。⑮半蹲、全蹲纵跳起。⑯原地连续做直膝向上跳练习。⑰垂直跳起在空中做转体180°、360°练习。⑱单脚，前跳，落地后立即双脚跳回。⑲高台跳下后立即做冲刺跑练习。⑳半蹲姿势从高台跳下后，立即再跳过低障碍物。㉑利用高台或跳箱做连续跳上跳下（单、双脚）。㉒做结合排球的各种起跳练习等。

（2）排球运动员力量训练的注意事项，具体如下：

第一，力量训练应循序渐进，训练负荷逐渐递增。力量增长快消退也快，增长慢消退也慢。当队员对某一负荷适应后，应增加负荷刺激，使运动员始终处于不适应状态，不断打破旧的循环，建立新的循环。大负荷训练能使肌肉最大限度地收缩，从而刺激肌肉产生相应的肌力，使肌力不断提高。实践证明，每周安排一两次力量训练可保持已获得的力量，但还必须坚持全年训练，才能使力量得以逐步增加。

第二，力量训练一定要全面，上下肢、前后肌群要平衡发展，离心收缩与向心收缩要成比例，主动肌、协同肌与对抗肌的放松练习也要纳入力量训练计划中。在一节力量训练课中，其安排应遵循从大肌群训练至小肌群的训练顺序，在常年或多年的训练过程中应坚持小肌群训练的不间断性。

第三，力量训练手段和方法力求多样。任何长时间单一的练习方法都会使队员感到枯燥甚至厌倦，单一练习手段对队员机体的训练不可能是全面的。为了提高队员练习的兴趣，全面增强队员的身体机能，应根据力量训练的任务，结合队员的身心特点，力求训练手段和方法新颖、多样化。

第四，力量训练应实行集中与分散刺激相结合。每次力量训练集中于某一部位效果较好，因为集中刺激容易给机体留下较深的痕迹。但集中刺激过于频繁，也容易使局部肌肉产生疲劳甚至伤害，所以不能每次训练都集中在某一部位，只有将集中刺激和分散安排结合起来，才能使身体各部位的力量协调发展，相互促进。

第五，力量训练要因人而异。根据不同年龄、形态、场上位置、个体特征等因材施教，循序渐进。在少年期，应当主要以克服自身阻力的形式，逐步提高承受负荷的能力，多采用动力练习，以发展一般力量训练为主。在青少年性发育初期，应尽量避免对脊柱有负荷的练习，用提高动作速度和改善肌肉协调功能来提高速度力量。在16~18岁阶段，可逐步承受最大力量的负荷训练。力量训练应在精力充沛时进行，负荷大或达到极限强度时，一定要加强保护，避免伤害事故的发生。

第六，在力量训练中要突出速度因素，不要片面追求负荷量和难度，关键是在动作正确的情况下选择适宜的负荷强度，重点突出速度。

2. 排球运动员的速度训练

（1）专项速度练习，具体如下：

第一，反应速度的练习：①看手势或其他信号向各个方向起跑。预备姿势可以是站立姿势，也可以是坐姿、跪姿或卧姿。②全队队员分两队面对站立，相距1m左右，看教练手势或其他信号做追逐跑练习。③冲刺接球。教练员单手将球高举，队员在3m处准备，当教练员突然抽手让球掉下时，队员冲跑在球落地之前将球接住。④一名队员任意抛球，另一队员迅速移动接球后抛回；或一名队员抛球，两个队员轮流接球；也可由一名队员抛球，其他队员绕过若干障碍物将抛出的球接住。⑤转身接球练习。队员面对墙站立，教练员向队员后方掷出各种变换球的同时发出信号，让队员转身将球接住后再抛给教练员。⑥垫墙上反弹球。队员面对墙2~3m站立做好准备，教练员从队员身后突然将球扔到墙上，要求队员将反弹回的球垫起。教练员扔球的角度要根据运动员的反应能力而定，并掌握好练习的难度。⑦追赶同伴练习。全队做圆圈跑动报数，做好追人的准备，教练员随机喊1或2，被喊到的队员立即加速追赶前面邻近的队员，要求在外圈一圈之内追到。⑧主动与被动拦网。两队员隔网相对站立，一人主动甩开对方跳起拦网，另一人力争不被对方甩掉，而与其同时拦网。⑨运用视觉或听觉信号做出各种快速起动和冲刺、移动、变向、急停和跳跃练习。

第二，移动速度练习，具体包括：①原地快速跑计时练习。②做原地小步跑或高抬腿跑时，根据教练员发出的信号，突然向前加速跑出。③结合排球场地练习各种移动步法。向前做小步跑或各种小碎步跑；向两侧做滑步或侧交叉跑；向后做后退跑或结合视、听觉信号做各种移动的互换练习。④看手势快速起动，在进攻线和中线之间或端线和进攻线之间往返快速移动。⑤36m移动，队员站在进攻线后看信号起动，前进时必须用双手触到中线，后退时双脚必须退过进攻线。前进、后退两个来回后接侧身滑步或交叉步移动（不许转身）两个来回，用单手触线，然后做钻网跑。单手触对方场区进攻线，折回时单手触出发线。⑥根据教练员发出的视、听觉信号迅速起动、移动和制动，看哪个队员在规定的时间内移动距离长。⑦"米"字形快速往返移动。

第三，挥臂速度练习，主要包括：①徒手连续快速挥臂练习。②扣吊球，要求动作放松，并有后振动作，抽打时肩部向上伸展。③快速挥臂以扣球动作鞭打标志物，如树叶，树叶应在扣球手臂上方最高处，鞭打时肩部向上伸展。④手持篮球、排球、足球或羽毛球、乒乓球掷远。⑤两人一组，相距10m左右，相互单手肩上掷排球，要求以挥臂扣球动作掷球，并使球出手后与地面近似平行飞行。⑥以扣球手法，在助跑起跳后挥甩网球、垒球或羽毛球。⑦做轻杠铃的提、屈、挺等快速练习。⑧两人一组，相距5~6m，单手掷实心球。⑨结合球做挥臂练习。采用一人抛球，另一人扣球，在肩的前下方要有一根橡皮条或绳代替排球网，每组扣30次，两人交换。

第四，起跳速度练习，主要包括：①连续跨跳、单足跳或蛙跳。②连续做徒手助跑起跳扣球练习。③连续跳跃3～5个栏架或一定高度的橡皮筋，要求脚落地后立即跳起，连续性和节奏感要强。④连续起跳拦快球10～20次。⑤在30cm台阶上跳上跳下10次，计时。⑥连续跳3～5个不同高度的栏架或橡皮筋，要求连接的速度要快。⑦教练员按限定的节拍左右移动横杆，队员穿沙衣或手持重物跳过横杆。⑧连续起跳扣半快球10～20次。

（2）排球运动员速度训练的注意事项，具体如下：

第一，速度的提高不如力量训练的增长明显，所以速度训练要保持经常性，并对提高动作速度不断地提出具体要求。

第二，速度训练应安排在队员中枢神经系统处于良性兴奋状态时进行，否则动作的协调性将受到破坏，快速完成练习的能力也会消失。在每次课的前半部分，在适应性练习后进行速度练习效果较好。训练中应结合排球运动的特点练速度，应多采用视觉信号，让队员做出相应的反应动作。

第三，专项速度练习要和专项技术训练紧密结合。专项速度练习可以帮助队员建立专项条件反射，从而能更快地提高专项技术的反应速度。实践证明，反应速度结合排球场地和球来进行比单纯练习提高的速度快。所以应结合专门技术练速度，与所采用的技战术特点相适应。

第四，应以多种手段提高速度素质。要利用与速度素质相关的其他素质促进速度素质的提高，特别是通过力量素质的训练来提高速度素质。

第五，速度训练可遵循超负荷原则安排在负重力量训练后。利用肌肉剩余兴奋的惯性动员更多的肌纤维参与运动，既可发展力量，又可发展速度，使神经始终处于灵活控制中，防止产生动作僵硬和不协调，从而提高运动能力。例如，在进行杠铃训练后立即转入徒手的、与所运用的技术动作相似或相同的练习。

第六，速度训练要防止产生不良影响的积累，如做完速度较慢的练习后要安排速度较快的练习，形成训练的良性转移。

3. 排球运动员的耐力训练

（1）专项耐力训练的方法，具体如下：

第一，弹跳耐力练习。主要包括：①连续小负荷多次数的力量训练。②规定次数、时间、节奏的跳绳，如5min跳绳练习，双脚双摇跳30s，左脚弹跳1min，右脚弹跳1min，完成两个循环正好5min。③连续跳上跳下台阶或高台。④连续原地跳起单或者双手摸篮板或篮圈。⑤连续做收腹跳8~10个栏架。⑥30m冲刺跑10次，每次间歇15~20s。⑦用本人弹跳80%的高度连续跳20~30次为一组，跳若干组，组间休息2~3min。⑧个人连续扣抛球，10~20次为一组，扣若干组，组间休息3min。⑨两人轮流连续扣抛球30~50次为一组，组间休息2~3min。⑩3~5人一组，连续滚翻救球，每人30~50次。⑪扣防结合练习，队员扣一个球退到进攻线防守一个球，连续进行10~15次为一组。

第二，移动耐力练习。主要包括：①看教练员的手势连续向右前、前、左前方进退移动，2~3min为一组。②36m移动。队员站在进攻线后看信号起动，前进时必须用双手摸到中线，后退时双脚必须退过进攻线，前进、后退两个来回后接侧身滑步或交叉步移动（不许转身）两个来回，用单手摸线，然后做钻网跑。单手摸对方场区进攻线，折回时单手摸出发线。③连续地跑动滚翻或鱼跃救球。④队员连续移动接教练员抛出的不同方向、不同弧度的球。⑤单人全场防守，要求防起15个好球为一组。⑥队员连续移动接教练员掷出的不同方向、不同距离的地滚球。⑦个人连续地跑动传球或垫球10~15次。⑧30s移动。距离3m左右，连续做5~8组。中间间歇15s。

第三，综合耐力练习。主要包括：①身体训练以后再进行排球比赛或比赛以后再进行身体训练。②技术训练以后再进行篮球或足球比赛。③象征性排球比赛模仿练习。队员从1号位防起一个扣球之后，前移防起一个吊球，再移动到6号位调整传球一次，移动到5号位防一个扣球，再移动到4号位扣一个球，移动到3号位做一次拦网动作，后撤上步扣球，再移到2号位。一次单脚起跳扣球为一组，连续做若干组。④连续打5~7局或9~10局的教学比赛，可训练比赛耐力。⑤按场上轮转顺序，在6个位置上做6个不同的规定动作，连续进行若干组。

（2）排球运动员耐力训练的注意事项，具体如下：

第一，耐力素质属于基础素质，应在全年训练计划中做好统筹安排。通常在冬训或一年训练之初多安排一般耐力的训练。作为全面训练的基础，在夏训和赛前可减少一般耐力的训练，增加专项耐力的训练，在比赛期间要酌情安排专项耐力训练，但不宜过多。

第二，耐力训练应注意年龄特点。队员在身体发育成熟前，应着重发展其有氧耐力，而不宜做大量无氧耐力的训练。对这一阶段的少年儿童，可根据情况，适当穿插一些无氧耐力训练，但其强度不能超过大强度，重复的次数、组数要少，组间休息要充分，并以掌握较为熟练的技术动作练习为主，以免破坏技术动作结构，影响协调能力的发展。随着身体发育的不断成熟，应逐步加大无氧耐力的比例，为专项竞技能力的提高奠定基础。

第三，紧密联系排球专项运动的实际。各种技战术和身体训练只要安排得当都可以提高耐力，特别是在技战术训练中，在时间密度、强度的安排上应有意识地结合排球耐力训练的要求。在形式上接近实战，在量上要超过实战。采用极限训练法、间歇训练法和循环训练法都能有效地促进耐力的提高。

第四，耐力训练对队员的意志品质要求较高。坚强的意志能充分发挥队员的内部动因，提高抗疲劳能力和耐力训练水平。因此，在耐力训练中，要注重队员意志品质的培养。

第五，耐力训练要持之以恒。耐力素质消退较快，要经常进行耐力训练。每周至少应坚持一次有一定强度的耐力训练，才能使耐力素质得到保持。

4. 排球运动员灵敏素质的训练

（1）专项灵敏素质的练习方法，具体如下：

第一，控制性的练习。主要包括：①两臂同时分别向前、后绕环。按教练员口令，两臂分别做不同顺序、不同起始节拍的动作。左手前平举，右手在体侧不动—左手上举，右手前平举—左手侧平举，右手上举—左手下放体侧，右手侧平举—左手不动，右手还原。②两足开立和并拢连续跳跃，双手从体侧平举至头上击掌，最后还原。③分足跳时，双手头上击掌，并足跳时双手侧平举。④连续交换单足跳跃。前踢腿时，双手触足尖，后踢腿时，双臂上振，反复进行。一条腿前踢落地后换另一条腿后踢。

第二，垫上练习。主要包括：①连续做前（后）滚翻练习。②做左右侧滚翻练习。③做鱼跃前滚翻练习和手撑兔跳练习。④做直体前扑—手掌胸前击掌—推起穿腿—蹬足练习。⑤做前滚翻—左（右）横滚动—快起—原地鱼跃—跪跳起练习。

第三，双人及多人垫上练习。主要包括：①双人前滚翻练习。②双人鱼跃横滚翻前进。③三人两边交叉鱼跃横滚翻。④三人两边鱼跃前滚翻练习。

第四，橡皮筋垫上练习。主要包括：①高度1m左右（也可根据队员弹跳高度确定），双脚跳起收腹将橡皮筋踩下，再接前滚翻，或接跪跳起，或接鱼跃。②做一定高度的侧手翻练习。③双脚跳过橡皮筋接跪跳起后再跳过橡皮筋。④两条橡皮筋，跳过一条后接俯卧撑，跪跳起后再跳另一条。⑤做一定高度的兔跳从下面过，臀部不得碰橡皮筋。⑥一高一低两条橡皮筋，中间距离尽可能小些，做鱼跃前滚翻，从中间过，要求上下不得碰橡皮筋。

第五，弹跳板的练习。主要内容包括：①原地或助跑高跳，做收腹展腹练习。②做前、后或左、右分腿跳。③做前屈体摸脚面。④两次转体、落地后接前滚翻或接鱼跃。

第六，结合场地和球的练习。主要内容包括：①根据不同信号，队员分别做快速起动、制动、变速、变向及跳跃、滚动等动作。②队员做拦网落地后，接鱼跃或滚翻垫球，再上步扣球。③队员做前扑—向后撤步移动—向前单足蹬地鱼跃向侧后滚翻的组合练习。④持球躺在地板上，自己向上抛球后立即起立将球接住。⑤将球用力向地面击打，待其反弹后从球下钻过，反弹一次钻一次，力争钻的次数多一些。可以两人比赛。⑥三人一组，中间队员分别接两边队员的平抛球做向后倒地传球。⑦两人一组，一人跳传另一人抛来的球后接着做立卧撑，若干次后交换。⑧教练员灵活运用扣、吊或抛球的方法支配球的速度和落点，队员判断翻动取位将球回传（垫）给教练员。⑨教练员灵活运用扣、吊球手法，将球击到边（端）线附近，队员移动垫球，接界内球，不要接界外球。

第七，游戏性的练习。主要包括：①两人相对站立做相互躲让或击打对方背部的游戏。②听哨音捉人。全队分为两人一组，可任意跑动，教师吹一声哨，1数追2数，吹两声哨，2数追1数，吹三声哨大家都停住不动。③圆圈抢球。全队站成一圈，圈内2~3人，可以自由跑动，抢圆圈队员互相传的球，摸到谁出手的球就换谁进来抢球。传球的方法不限，但传球人不能移动位置，传失及接失者均和抢球的队员对换。④活动球篮的篮球赛。两支队伍每队由3人手拉手做成一个"篮"，可以在本队半场内自由跑动，但不能缩小篮圈，其他人可以互相传、抢球，争取投进对方的"篮"，但接球的人不能运球跑，只能传。⑤持球跑三次后倒接力赛。全队可分为三组进行，第一人持球在端线外预备，听信号后起动，双手持球向前跑，每跑到进攻线及端线时，须后倒一次，要求球不得离手，手不得扶地，在端线外站起后把球抛回本组第二人。第二人接球后必须在端线外后倒一次，或拿球触及端线再起跑，最先跑完的队获胜。

（2）排球运动员灵敏素质训练的注意事项，具体如下：

第一，灵活性训练要求队员注意力集中，动作准确快速，因此应把灵敏素质训练放在课的前半部分进行。

第二，灵敏性训练要注重对腰、腹、背的训练。它们是连接上下肢的纽带，各种全身活动都离不开它们的配合，它们对于身体的灵活性起着重要的作用。

第三，灵敏素质训练应以视觉信号为主。在排球运动中，运动员的灵敏性反应多来自对已观察到的情况的判断,根据观察与判断及时地做出动作反应。所以要积极提高运动员的观察能力,提高他们神经系统的反应能力。

第四,根据年龄特点,安排好灵敏性训练。13~14岁以前,通过训练来提高灵敏素质可以取得较大的效果。15~16岁是快速生长期,灵敏性增长较慢。到18岁以后,灵敏性又以稳定的速度增长。训练中要根据运动员的生理特点和实际情况,抓住灵敏性发展的规律和时机,科学地安排训练,才能得到良好的效果。

第五,灵活性训练的内容和动作设计应考虑到排球技术动作的需要,如滚翻、前扑、鱼跃、起立、起跳、空中动作、击球、转体等,应紧密结合技术的实际,使灵敏素质的提高能更有效地应用到实际比赛中。

第六,灵敏素质由多种素质结合而成,不是单独训练可以完全获得的,在训练灵敏性时应注意与其他素质训练结合进行,以得到更好的效果。

参考文献

[1] 曹莉，李祥晨.体能主导类项群训练负荷强度系统仿真软件的研制［J］.体育科学，2002，22（2）：93-95.

[2] 范晓燕，孙学川，邓伟明.运动员体能训练课生理负荷量的现场分析报告［J］.体育学刊，2002，9（1）：113-116.

[3] 付皆，苗向军，刘排.核心力量训练对运动表现量效关系影响的Meta分析［J］.体育学刊，2019，26（6）：125-131.

[4] 高希彬，卓贤麟，朱章标，等.蹦床运动员体能训练研究［J］.体育文化导刊，2009，（8）：65-68.

[5] 耿建华.体能训练理论与方法［M］.西安：陕西师范大学出版总社有限公司，2013.

[6] 郭岩，余锋，左昌斌，等.实用体能训练指南［M］.北京：中国书籍出版社，2018.

[7] 何勇，虞丽娟，吴卫兵，等.训练负荷—体能状态数学模型的建立及参数估计［J］.上海体育学院学报，2011，35（02）：57-60.

[8] 侯本华.体能训练方法设计及其科学监控研究［M］.北京：九州出版社，2019.

[9] 解正伟.核心力量训练的研究现状与理性辨析［J］.成都体育学院学报，2017，43（3）：62-69.

[10] 赖勇泉.周期性耐力项目专项体能训练有效强度负荷区间问题研究［J］.沈阳体育学院学报，2009，28（3）：91-94.

［11］李丹阳，胡法信，胡鑫.功能性训练：释义与应用［J］.山东体育学院学报，2011，27（10）：71-76.

［12］庆有，俞继英，叶飞.网球运动员体能训练若干理论问题探讨［J］.武汉体育学院学报，2006，40（10）：54-56.

［13］李赞，赵慧敏，常宇伟.功能性体能训练的内涵旨向、结构功能及本质属性厘清［J］.天津体育学院学报，2019，34（03）：227-231.

［14］梁美富，李妍，牛雪松.力量训练之最佳功率负荷预测方法构建与评估［J］.沈阳体育学院学报，2020，39（5）：108-116.

［15］刘新兰.体能训练原理探析［J］.南京体育学院学报（社会科学版），2004，18（1）：87-89.

［16］刘星亮.体质健康概论［M］.武汉：中国地质大学出版社，2010.

［17］龙斌，李丹阳.传统周期训练理论的现代适用性及其发展［J］.武汉体育学院学报，2016，50（4）：84-89.

［18］龙斌，李丹阳.功能性训练的科学内涵［J］.武汉体育学院学报，2013，47（2）：72-76.

［19］牛严君，乔玉成.核心力量训练效果的系统评价［J］.首都体育学院学报，2018，30（4）：352-361.

［20］潘政彬.论构建竞技体能训练思维范式的基本理念与实践逻辑［J］.山东体育学院学报，2018，40（5）：24-29.

［21］秦渝珂，彭莉，胡诗晴.功能性体能训练对青少年艺术体操运动员专项素质的影响［J］.西南师范大学学报（自然科学版），2020，45（4）：90-96.

［22］裘晟，李捷，李端英，等.中美体能训练的认识差异与体能训练的生物原则概论（下）［J］.广州体育学院学报，2017，37（1）：1-4.

［23］沈玉梅，张枝尚.功能训练的历史演进——认识·本质·应用［J］.广州体育学院学报，2017，37（3）：89-92，96.

［24］孙培全，杜雨，赵亚洪."核心力量训练"与"传统力量训练"

关系的理性认识[J].福建茶叶，2019，41（7）：226.

[25]王梁.青少年男子篮球运动员功能性体能训练的实证研究[D].石家庄：河北师范大学，2018：152-155.

[26]王向宏.体能训练理论与方法[M].2版.北京：北京航空航天大学出版社，2014.

[27]王宇，刘立.运动员身体形态与机能评价指标在课堂教学过程中应用[J].继续教育研究，2015，（2）：133-135.

[28]奚爱华，鲍振兴.力量训练、有氧运动对体能类男性运动员BMI、骨骼肌含量、体脂百分比的影响[J].山东体育科技，2020，42（2）：47-49.

[29]杨江明，吴佳伟.我国青年男排运动员体能训练恢复研究[J].体育文化导刊，2010，（10）：42-45.

[30]宸铮，王姣姣，尹军.不同负荷时间下ETM低氧耐力训练对大学生体能水平的影响研究[J].安徽师范大学学报（自然科学版），2019，42（2）：195-199.

[31]袁守龙.体能训练发展趋势和数字化智能化转型[J].体育学研究，2018，1（2）：77-85.

[32]张月霞.体能训练对高校大学生身体素质的影响研究[J].福建茶叶，2019，41（9）：234.

[33]赵光圣，陈国荣，周金彪，等.散打运动员体能测试模式与标准[J].上海体育学院学报，2002，26（4）：65-69.

[34]赵琦.体能训练理论与方法[M].南京：东南大学出版社，2017.

[35]赵志明.篮球运动体能训练基本原则与方法研究[J].西安体育学院学报，2007，24（5）：81-85.

[36]邓文辉.陕西省体育专业大学生健康商数及影响因素分析[J].中国学校卫生，2013，34（10）：1190-1192.